KÖNIGS ERLÄUTERUNGEN
Band 28

Textanalyse und Interpretation zu

Friedrich Schiller

DIE RÄUBER

Maria-Felicitas Herforth

Alle erforderlichen Infos für Abitur, Matura, Klausur und Referat
plus Musteraufgaben mit Lösungsansätzen

Zitierte Ausgaben:
Friedrich von Schiller: *Die Räuber. Ein Schauspiel.* Husum/Nordsee, Hamburger Lesehefte Verlag, 2010 (Hamburger Leseheft Nr. 48, Heftbearbeitung: F. Bruckner und Kurt Sternelle). Zitatverweise sind mit **HL** gekennzeichnet.
Schiller, Friedrich: *Die Räuber. Ein Schauspiel*, Stuttgart, Philipp Reclam jun., 2001 (Reclam Universal-Bibliothek Nr. 15). Zitatverweise sind mit **R** gekennzeichnet.

Über die Autorin dieser Erläuterung:
Maria-Felicitas Herforth, geboren 1980, Studium der Anglistik und Germanistik an der Ruhr-Universität Bochum (1999–2005), Studienaufenthalt in Großbritannien (2001–2002), 2005-2006 Doktorandin und wissenschaftliche Hilfskraft im Englischen Seminar der Ruhr-Universität Bochum, seit 2009 Studienrätin mit den Fächern Englisch und Deutsch an einem Gymnasium Bochum, Autorin von Königs Erläuterungen.

Das Werk und seine Teile sind urheberrechtlich geschützt. Jede Verwertung in anderen als den gesetzlich zugelassenen Fällen bedarf der vorherigen schriftlichen Einwilligung des Verlages.
Hinweis zu § 52 a UrhG: Die öffentliche Zugänglichmachung eines für den Unterrichtsgebrauch an Schulen bestimmten Werkes ist stets nur mit Einwilligung des Berechtigten zulässig.

3. Auflage 2014
ISBN 978-3-8044-1931-5
PDF: 978-3-8044-5931-1, EPUB: 978-3-8044-6931-0
© 2003, 2010 by C. Bange Verlag, 96142 Hollfeld
Alle Rechte vorbehalten!
Titelbild: Theaterstück *Die Räuber*, Volksbühne Berlin 1971 (DDR), Arno Wyzniewski, © Cinetext/Henschel Theater-Archiv
Druck und Weiterverarbeitung: Tiskárna Akcent, Vimperk

1. DAS WICHTIGSTE AUF EINEN BLICK – SCHNELLÜBERSICHT   6

2. FRIEDRICH SCHILLER: LEBEN UND WERK   9

2.1 Biografie   9
2.2 Zeitgeschichtlicher Hintergrund   13
   Preußen als europäische Großmacht   13
   Aufgeklärter Absolutismus und Aufklärung   14
   Geistige Strömungen   17
      Aufklärung   17
      Empfindsamkeit   17
      Sturm und Drang   18
2.3 Angaben und Erläuterungen zu wesentlichen Werken   19

3. TEXTANALYSE UND -INTERPRETATION   20

3.1 Entstehung und Quellen   20
3.2 Inhaltsangabe   27
   Akt I   28
   Akt II   32
   Akt III   37
   Akt IV   39
   Akt V   46

3.3	**Aufbau**	50
	Kompositionsstruktur	50
	Strukturprinzipien	55
	Elemente der offenen und geschlossenen Dramenform	56
3.4	**Personenkonstellation und Charakteristiken**	60
	Personen und Schauplätze	60
	Franz von Moor	60
	Karl von Moor	65
	Karl Moor und Franz Moor	72
	Graf Maximilian von Moor	73
	Amalia von Edelreich	74
	Die Räuber	75
3.5	**Sachliche und sprachliche Erläuterungen**	77
3.6	**Stil und Sprache**	86
	Expressivstil versus Nominalstil	87
	Sprachliche Mittel	87
3.7	**Interpretationsansätze**	92
	Gesellschaftliche und politische Implikationen	93
	Die Räuber als Abbild historischer Verhältnisse	94
	Leitthemen und Leitmotive	96
	Biografische Aspekte	101

4. REZEPTIONSGESCHICHTE 102

5. MATERIALIEN 109

Schiller über *Die Räuber* — 109
Zur Geschichte des menschlichen Herzens — 110

6. PRÜFUNGSAUFGABEN 115
   MIT MUSTERLÖSUNGEN

LITERATUR 125

STICHWORTVERZEICHNIS 128

1. DAS WICHTIGSTE AUF EINEN BLICK – SCHNELLÜBERSICHT

Schillers Leben und zeitgeschichtlicher Hintergrund

S. 9 ff.
→ Friedrich Schiller lebte von **1759 bis 1805**, die meiste Zeit in Weimar.

→ *Die Räuber* ist Schillers Jugendwerk und Dramenerstling, uraufgeführt 1782.

S. 13 ff.
→ Die Entstehungszeit ist geprägt vom **aufgeklärten Absolutismus** und den geistigen Strömungen **Aufklärung**, **Sturm und Drang** und **Empfindsamkeit**.

S. 20 ff.
Im dritten Kapitel geht es um Textanalyse und -interpretation.

Die Räuber – Entstehung und Quellen:

Der Entstehungszeitraum war hauptsächlich **1779/80**, Schillers letztes Jahr auf der Militärakademie in Stuttgart (Hohe Karlsschule); das Stück erschien 1781 anonym. 1782 wurde es uraufgeführt.

Schiller beeinflusste u. a. Shakespeare; historische Quellen waren reale Räuberbanden, der historische Familienkonflikt in der „Akte Buttlar" (1734–1736) und der Sonnenwirt Friedrich Schwan.

Inhalt:

S. 27 ff.
Das Drama handelt von einem Familienkonflikt, der sich als gesellschaftlicher Konflikt entfaltet. Franz Moor intrigiert gegen den von Natur und Vater bevorzugten Bruder Karl Moor, sodass dieser sich vom Vater verstoßen glaubt und einer Räuberbande anschließt, um (vermeintliches) gesellschaftliches Unrecht zu rächen. Beide Figuren scheitern jedoch: Franz, der zuletzt als gewissenloser Herrscher über das Moorsche Schloss von den Räubern bestürmt wird, sieht keinen Ausweg und richtet sich selbst. Karl, der zunehmend

in Gewissenskonflikte aufgrund seiner Räubertaten und seines Rechtsempfindens gerät, liefert sich, nachdem er keine andere Lösung mehr sieht, der Justiz aus.

Aufbau:

Das Drama ist nach dem klassischen **Fünf-Akt-Schema** aufgebaut, weist jedoch zusätzlich eine **zweisträngig-antithetische** Handlungskonstruktion sowie Elemente der **offenen** Dramenform auf. Dem Thema der feindlichen Brüder entsprechend verlaufen Franz-Moor-Handlung und Karl-Moor-Handlung parallel an ihnen kontrastiv zugeordneten Schauplätzen, gleichzeitig stehen sie jedoch in antithetischem Bezug zueinander: Die Karl-Moor-Handlung ist eine Reaktion auf die Franz-Moor-Handlung.

S. 50 ff.

Personen:

Die **feindlichen Brüder Franz** und **Karl** Moor sind die Hauptfiguren des Dramas, wobei sie antagonistisch angelegt sind (Franz = Intrigant, Karl = Opfer der Intrige). Aufgrund ihrer individuell extremen, antithetischen Charakterkonzeption (Franz = Verstandesmensch, Karl = Herzmensch) kommt es jedoch zu Konflikten; beide nähern sich im Verlauf des Dramas einander an. **Amalia von Edelreich** wird von beiden Brüdern begehrt, sie verschmäht jedoch Franz und liebt Karl, was eine weitere Ursache für Franzens Bedürfnis nach Rache für das ihm widerfahrene persönliche Unrecht von Natur und Menschen um ihn herum ist. **Maximilian von Moor** erscheint als willensschwacher und ungerechter Vater, der Karl bevorzugt und von diesem vergöttert wird. Die **Räuber** stehen außerhalb der gesetzlichen Ordnung. In ihrer Gruppe vermischen sich unterschiedliche Motivationen: Rache an der Gesellschaft für persönlich oder gesellschaftlich widerfahrenes Unrecht, Niedertracht, Habgier.

S. 60 ff.

| 1 SCHNELLÜBERSICHT | 2 FRIEDRICH SCHILLER: LEBEN UND WERK | 3 TEXTANALYSE UND -INTERPRETATION |

S. 86 ff.

Stil und Sprache:

Stil und Sprache vermitteln die **Aufbruchstimmung** des **Sturm und Drang**, den Willen zum Aufruhr gegen Natur und Ordnungssysteme (Kennzeichen: Expressivstil). Die zügellose Sprache wird zeitgleich durch pathetisch-rhetorischen Stil (Nominalstil) auf eine gedanklich-abstrakte Ebene gebracht, sodass individuelle Aussagen zwecks philosophischer Grundausrichtung objektiviert werden.

S. 92 ff.

Interpretationsansätze:

Für eine thematische Interpretation des Dramas bieten sich die Deutung gesellschaftlicher und politischer Implikationen an, ebenso wie die Leitthemen und Leitmotive (z. B. *Der verlorene Sohn*) oder biografische Aspekte des jungen Schiller.

2. FRIEDRICH SCHILLER: LEBEN UND WERK

2.1 Biografie

Friedrich Schiller
(1759–1805)
© Richter/Cinetext

JAHR	ORT	EREIGNIS	ALTER
1759	Marbach am Neckar	10. November: Geburt von Johann Christoph Friedrich Schiller als zweites Kind von Johann Caspar und Elisabeth Dorothea Schiller.	
1767	Ludwigsburg	Eintritt in die Ludwigsburger Lateinschule zur Vorbereitung auf eine geistliche Laufbahn	8
1773–1780	Solitude bei Stuttgart	Schiller in der Militärakademie des Herzogs Carl Eugen von Württemberg (später: Hohe Karlsschule), zunächst auf der Solitude.	14–21
1774		Aufnahme des Jurastudiums. Ein schriftlicher Revers der Eltern bestätigt im September die lebenslange „Übereignung" ihres Sohnes Friedrich in die Verfügungsgewalt des Herzogs.	15
1775	Stuttgart	Verlegung der Akademie nach Stuttgart	16
1776		Beginn des Medizinstudiums. Intensiver Philosophieunterricht bei Jakob Friedrich Abel.	17
1777		Entstehung der ersten Szenen der *Räuber*	18
1780		Ausarbeitung der *Räuber*. Medizinische Dissertation: *Versuch über den Zusammenhang der tierischen Natur des Menschen mit seiner geistigen*. 15. Dezember: Entlassung aus der Karlsschule. Regimentsmedikus in Stuttgart.	21
1781		*Die Räuber* erscheint im Selbstverlag anonym und mit fingiertem Druckort.	22

2.1 Biografie

JAHR	ORT	EREIGNIS	ALTER
1782	Mannheim	13. Januar: Uraufführung der *Räuber* in Mannheim. Schiller reist ohne Urlaub und ohne Erlaubnis nach Mannheim und wird am 25. Mai vom Herzog mit einem 14-tägigen Arrest bestraft. Verbot jeder weiteren Schriftstellerei. 22. September: Schillers Flucht aus Stuttgart nach Mannheim.	23
1783	Bonn Mannheim	Uraufführung von *Fiesko* in Bonn. Beschäftigung mit *Don Carlos*. Anstellung als Theaterdichter durch Intendant Dalberg.	24
1784	Frankfurt	Uraufführung von *Kabale und Liebe* (13. April, Frankfurt/M.).	25
1785–1787	Leipzig und Dresden	Juli 1785: Beginn der Freundschaft mit Christian Gottfried Körner	26–28
1787–1788	Weimar	1787: *Don Carlos* wird in Hamburg uraufgeführt. Juli–Mai: Aufenthalt in Weimar. Kontakt mit Wieland, Herder, Knebel, Charlotte von Kalb und Corona Schröter.	28–29
1788		Arbeit an der *Geschichte des Abfalls der vereinigten Niederlande*, die im Herbst erscheint. 7. September: erste Begegnung mit Goethe.	29
1789	Jena	Berufung als Professor für Geschichte nach Jena. Dezember: Freundschaft mit Wilhelm von Humboldt.	30
1790		22. Februar: Hochzeit mit Charlotte von Lengefeld. Vorlesung über Universalgeschichte bis zur Gründung der fränkischen Monarchie und über eine Theorie der Tragödie. Arbeit an der *Geschichte des Dreißigjährigen Krieges*. Die zwei ersten Bücher erscheinen im Oktober.	31

2.1 Biografie

JAHR	ORT	EREIGNIS	ALTER
1791		Kantstudien. Lebensgefährliche Erkrankung Schillers, von der er sich nie wieder ganz erholt. Dezember: jährliches Geschenk von 1000 Talern für drei Jahre vom Herzog Friedrich Christian von Schleswig-Holstein-Augustenburg und von dem Grafen Schimmelmann.	32
1792		Französische Nationalversammlung erteilt Schiller das Bürgerrecht. Abschluss der *Geschichte des Dreißigjährigen Krieges*. Vorlesung über Ästhetik.	33
1793		Philosophische Studien. Briefwechsel mit Körner über den Begriff des Schönen *(Über Anmut und Würde)*. 14. September: Geburt des ersten Sohnes Karl Friedrich Ludwig. *Über das Erhabene, Über die ästhetische Erziehung des Menschen*	34
1794		Beginn der Dichterfreundschaft mit Goethe	35
1796		11. Juli: Geburt des zweiten Sohnes Ernst Friedrich Wilhelm. Publikation der gemeinschaftlich mit Goethe verfassten *Xenien* und *Tabulae votivae*.	37
1797		Entstehung der großen Balladen Schillers. Entstehung des *Wallenstein*.	38
1798	Jena, Weimar	Das ganze Jahr über Arbeit am *Wallenstein*. Besuche Goethes in Jena und Schillers in Weimar. Gespräche über Kunst und Natur, Gattungsgesetze, Aufführungsfragen und naturwissenschaftliche Probleme. 12. Oktober: Uraufführung *Wallensteins Lager* in Weimar.	39

2.1 Biografie

JAHR	ORT	EREIGNIS	ALTER
1799	Weimar	30. Januar: Uraufführung *Die Piccolomini* in Weimar. 20. April: Uraufführung *Wallensteins Tod* in Weimar. Sommer: Arbeit an *Maria Stuart*. 11. Oktober: Geburt der Tochter Caroline Luise Friederike. Dezember: Umzug nach Weimar.	40
1800		Februar: Erkrankung an Nervenfieber. Bearbeitung des Shakespearschen *Macbeth*. 14. Juni: Uraufführung von *Maria Stuart* in Weimar. Juni: *Wallenstein* als Buchausgabe.	41
1801		11. September: Uraufführung *Die Jungfrau von Orleans* in Leipzig.	42
1802		August: Beginn der Arbeit an der *Braut von Messina*.	43
1803		Uraufführung *Die Braut von Messina* in Weimar. Beginn der Beschäftigung mit *Wilhelm Tell*.	44
1804		17. März: Uraufführung des *Wilhelm Tell* in Weimar. 25. Juli: Geburt der zweiten Tochter Emilie Henriette Luise. Zunehmende Krankheitsfälle.	45
1805		Seit Februar: schwere Erkrankung. Arbeit am *Demetrius*. 9. Mai: Tod Schillers in seinem 46. Lebensjahr auf Grund einer akuten Lungenentzündung[1].	45

---

1 Vgl. Alt, Peter-André: *Schiller. Leben – Werk – Zeit.* 2 Bände. München: Verlag C. H. Beck, 2000, S. 711–716.

2.2 Zeitgeschichtlicher Hintergrund

2.2 Zeitgeschichtlicher Hintergrund

ZUSAMMENFASSUNG

Wichtig um die Jahre 1770/1780:
Preußen wurde unter Friedrich dem Großen als Vertreter des **aufgeklärten Absolutismus** eine europäische Großmacht. Der aufgeklärte Absolutismus war ein Produkt der **Aufklärung**, der geistigen Strömung, die die Ausrichtung des Lebens und der Gesellschaft nach dem hohen Gut der **Vernunft** forderte und somit Fundament für die Entwicklung der modernen Welt war. In den deutschen **Kleinstaaten** herrschte jedoch nach wie vor wirtschaftlicher Rückstand, nicht zuletzt aufgrund der überkommenen **Feudalstrukturen**. Durch aufgeklärte Regenten konnten sich jedoch auch kulturelle Zentren mit nachhaltigem Einfluss bilden. Das Bürgertum emanzipierte sich zunehmend, was sich in gefühlsbetonten Strömungen – wie der **Empfindsamkeit** – sowie in Bewegungen, die durch Revolte und Geniekult (**Sturm und Drang**) gekennzeichnet waren, manifestierte.

Preußen als europäische Großmacht

Als König Friedrich Wilhelm I. (1713–1740) im Jahre 1740 starb, hatte er es geschafft, aus **Preußen** einen **Militär- und Beamtenstaat** zu machen, der nach Österreich die stärkste Militärmacht im Reich war. Sein Nachfolger **Friedrich II. der Große (1740–1786)** war der bedeutendste Feldherr seiner Zeit. Er schaffte es, Preußen zur fünften Großmacht Europas zu erheben, indem er zunächst durch die ersten beiden **Schlesischen Kriege** (1740–42, 1744–45) das bisher österreichische Schlesien eroberte und im dritten, dem sogenannten **Siebenjährigen Krieg** (1756–63), als preußisch

2.2 Zeitgeschichtlicher Hintergrund

behauptete. Im Jahre 1777 erwarb er das bisher polnische Westpreußen, im **Bayrischen Erbfolgekrieg** (1787/79) und durch den deutschen Fürstenbund (1785) trat er den österreichischen Anspruchsabsichten auf Bayern entgegen.

Aufgeklärter Absolutismus und Aufklärung

Die **herrschende Regierungsform** in Deutschland zwischen dem Jahre 1740 und dem Beginn der Revolutionskriege im Jahre 1792 war der **aufgeklärte Absolutismus**, für den Friedrich der Große als klassischer Vertreter steht. Als eben dieser leitete Friedrich der Große seine Herrschaft nicht mehr aus der an der fürstlichen Familie haftenden göttlichen Verleihung her. Er begründete seine Herrschaft mit der größeren Tüchtigkeit, die er als **erster Diener** seinem Staate erwies. Anders als Ludwig XIV. von Frankreich **trennte Friedrich der Große die Person des Herrschers vom Staate**.

Betrieb Friedrich auch aufklärerische Reformpolitik, so blieb er dennoch **absolutistischer Autokrat**, denn er besaß die uneingeschränkte gesetzgebende und -vollziehende Macht.

Der aufgeklärte Absolutismus war unter anderem ein Produkt der **Aufklärung**, die, als bürgerliche Bewegung, von der Beamtenschaft, von Juristen, Geistlichen und Verwaltungsbeamten getragen war, derer der Staat zunehmend bedurfte. Zentrales Merkmal der Aufklärung war die **Verehrung von** den dem Menschen angeborenen Gütern **Verstand und Vernunft**, womit **Nützlichkeitsdenken** und **Fortschrittgläubigkeit** einhergingen.

Als Produkte des aufklärerischen Denkens seien hier die Entwicklung der modernen Naturwissenschaft sowie pädagogischer Erkenntnisse angeführt. Insbesondere **Geheimgesellschaften** wie die der Freimaurer verbreiteten aufklärerisches Denken, mit dem auch immer **Kritik an den Religionen und am Staat** verbunden

2.2 Zeitgeschichtlicher Hintergrund

war, ebenso wie Reformbestrebungen und das **Aufkommen nationaler Vorstellungen**.

Trotz aufklärerischer Strömungen und expansiver Außenpolitik blieb Deutschland im 18. Jahrhundert sowohl politisch als auch ökonomisch hinter anderen westeuropäischen Nationen zurück. Zentrale Ursachen hierfür waren noch immer **Folgen des Dreißigjährigen Krieges** (1618–1648), wie etwa die starke Verminderung der Bevölkerung oder die Verwüstung und Verwilderung nutzbaren Bodens. Während in anderen Ländern bereits kapitalistische Produktions- und Wirtschaftsformen entwickelt worden waren, war die deutsche Produktionsweise noch immer handwerklich-zünftig und bäuerlich-feudal. Nicht zuletzt die **Rivalität der einzelnen Landesfürsten** und die **zahlreichen Zollschranken** verhinderten einen wirtschaftlichen Aufschwung.

Wirtschaftlicher Rückstand in den deutschen Kleinstaaten

Den sozial-ökonomischen Wiederaufbau seines Königreichs plante Friedrich der Große durch die Hebung der Volksbildung, die Verbesserung der Lage der Bauern und die Schaffung von Manufakturen. Die **merkantilistische Wirtschaftspolitik** Friedrichs des Großen basierte auf Subventionen, Aus- und Einfuhrverboten und Versuchen zur Marktregulierung.

Die für einen Staatswohlstand notwendige bürgerliche Emanzipierung stand jedoch dem in einigen deutschen Kleinstaaten noch immer verbreiteten Absolutismus im Wege, da sich ein ökonomisch starkes Bürgertum in dieser Regierungsform politisch entmündigt sehen musste.

Bürgerliche Emanzipierung versus Absolutismus

So schreibt Große beispielsweise bezüglich einiger Territorien:

„(...) Viele der Fürsten sahen ihre Aufgaben vornehmlich in der ‚Pflege' der Religion ihrer Untertanen, in der Ausübung der Justiz, vor allem aber in der Vermehrung des Kammergutes und in der Konservierung der Ständegesellschaft. (...) [Der

2.2 Zeitgeschichtlicher Hintergrund

Staat behielt] seinen patrimonialstaatlichen Charakter bei; d. h., dass ein Fürst sein Land als persönliches Besitztum und seine politische Macht als einen nutzbaren Teil seines Vermögens betrachtete und als Erweiterung seines Hofhalts organisierte."[2]

Gab es demnach einerseits **machtbesessene Tyrannen**, so sind andererseits **Musterregenten des aufgeklärten Absolutismus** für die Schaffung vieler kultureller Zentren des deutschen Kultur- und Geisteslebens verantwortlich. Zu nennen sind hier insbesondere Karl Theodor (1742/77–1799) in Bayern, Markgraf Karl Friedrich von Baden (1738–1811) und Karl August von Weimar (1758–1828). Karl Theodor trat hervor durch seine Förderung der Landwirtschaft und durch die **Gründung der Mannheimer Akademie der Wissenschaften** (1762). Unter seiner Regentschaft erlangten die Mannheimer Musikschule sowie das **Nationaltheater**, die Aufführungsbühne Schillers, großen Ruhm. Karl Friedrich von Baden reformierte Baden, ließ im Jahre 1762 die Folter abschaffen und hat **als erster deutscher Fürst im Jahre 1783 die Leibeigenschaft der Bauern aufgehoben**. Er war unter anderem bekannt mit Voltaire, Klopstock, Herder und Goethe; Johann Peter Hebel und Heinrich Jung-Stilling standen in seinen Diensten. Karl August von **Weimar** versammelte die führenden Größen des deutschen Geisteslebens wie Goethe, Schiller, Herder und Wieland, förderte sie und ließ ihnen künstlerischen Freiraum. Der aufgeklärte Absolutismus in den deutschen Kleinstaaten war durch seine politischen, wirtschaftlichen, sozialen und bildenden Maßnahmen von fortdauernder Wirkung.[3]

Schaffung vieler kultureller Zentren

Förderung des deutschen Geistesleben in den Kleinstaaten

---

2 Große, Wilhelm: *Friedrich Schiller. Die Räuber*. Frankfurt am Main: M. Diesterweg, 1999, S. 8.
3 Vgl. Vogt, Martin (Hg.): *Deutsche Geschichte. Von den Anfängen bis zur Gegenwart*. Stuttgart: Metzlersche Verlagsbuchhandlung u. C. E. Poeschl Verlag, 1997, S. 218–287.

2.2 Zeitgeschichtlicher Hintergrund

Geistige Strömungen
Aufklärung

Gemeineuropäische, alle Lebensbereiche beeinflussende geistige Bewegung des 17. und 18. Jahrhunderts, die den Säkularisierungsprozess der modernen Welt einleitete. Sie basiert auf dem optimistischen Glauben an die Macht der menschlichen Vernunft, die fähig sei, alle Probleme und Schwierigkeiten sowohl gesellschaftlicher, wirtschaftlicher, naturwissenschaftlicher als auch geistiger und religiöser Art zu beseitigen. Aufklärerische Ideen führten zu einer immensen Bildungsbereitschaft, es bildete sich ein aufgeklärtes Lese- und Theaterpublikum, die literarische Produktion nahm in ungeahntem Maße zu und es formierten sich zahlreiche wandernde und feste Schauspieltruppen.

Empfindsamkeit

„Gefühlsbetonte geistige Strömung innerhalb der europäischen Aufklärung (...). Die Empfindsamkeit gilt als eine der ‚Manifestationen bürgerlicher Emanzipationsbestrebungen im 18. Jh.' Sie wurde in der früheren Forschung v. a. als säkularisierter Pietismus gedeutet. Neuere Untersuchungen (...) sehen in ihr jedoch keine Opposition gegen rationalistische Vernunft, sondern ‚nach innen gewendete Aufklärung', die versuche, ‚mit Hilfe der Vernunft auch die Empfindungen aufzuklären', sich zur Erlangung moralischer Zufriedenheit (als höchstem Zweck) der Leitung der ‚guten Affekte' (Sympathie, Freundschaft, (Menschen-)Liebe, Mitleid, (...)) zu überlassen. Empfindsamkeit als ‚Selbstgefühl der Vollkommenheit' erhält so, sozialgeschichtlich gesehen, eine ‚zentrale Bedeutung' für die ‚Herausbildung der privaten Autonomie des bürgerlichen Subjekts'. (...) Entscheidende Bedeutung gewann (...) die Literatur, welche die neue Gefühlskultur ästhetisierte: Die Empfindungsbereitschaft und

2.2 Zeitgeschichtlicher Hintergrund

-fähigkeit zeigte sich zwar durchaus moralisch orientiert, jedoch nicht naiv, sondern höchst bewusst und reflektiert (...)."[4]

Sturm und Drang

Die geistige Bewegung von der Mitte der sechziger bis Ende der achtziger Jahre des 18. Jahrhunderts bekam ihren Namen nach dem Titel des Schauspiels von F. M. Klinger (1777). Ihr Ausgangspunkt ist eine jugendliche Revolte gegen Einseitigkeiten der Aufklärung, gegen ihren Rationalismus, ihre Regelgläubigkeit und ihr einseitiges Menschenbild, aber auch gegen die unnatürliche Gesellschaftsordnung mit ihren Ständeschranken, erstarrten Konventionen und ihrer lebensfeindlichen Moral. Im Zentrum des Sturm und Drang stehen als Leitideen die Selbsterfahrung und Befreiung des Individuums als leib-seelische Ganzheit, Betonung des Gefühls, der Sinnlichkeit und Spontaneität gegenüber dem Verstand. Natur wird von den Stürmern und Drängern als Urquell alles Lebendigen und Schöpferischen verstanden, die höchste Steigerung des Individuellen und Naturhaften ist das Genie, in dem sich die schöpferische Kraft einmalig und unmittelbar offenbart (*Geniezeit*)[5].

---

[4] Vgl. Schweikle, Günther und Irmgard (Hg.): *Metzler Literatur Lexikon. Begriffe und Definitionen.* Stuttgart: J. B. Metzlersche Verlagsbuchhandlung, 1990, S. 122.
[5] Vgl. Schweikle, Günther und Irmgard (Hg.): *Metzler Literatur Lexikon. Begriffe und Definitionen.* Stuttgart: J. B. Metzlersche Verlagsbuchhandlung, 1990, S. 29 f. u. S. 448 f.

2.3 Angaben und Erläuterungen zu wesentlichen Werken

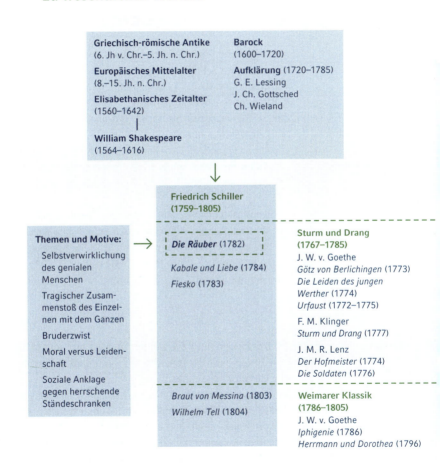

3. TEXTANALYSE UND -INTERPRETATION

3.1 Entstehung und Quellen

ZUSAMMEN-
FASSUNG

> 1778/80 *Die Räuber* entsteht hauptsächlich in der Schlussphase von Schillers Zeit auf der Militärakademie in Stuttgart (Hohe Karlsschule).
> 1781 Das Stück erscheint anonym.
> 1782 *Die Räuber* wird trotz Zensur mit sensationellem Erfolg in Mannheim uraufgeführt. Da Schiller ohne herzogliche Genehmigung aus Stuttgart der Aufführung beiwohnte, wurde er mit Arrest bestraft und emigrierte heimlich nach Mannheim.
>
> Schiller beeinflussten zahlreiche literarische Quellen, etwa Shakespeare, Schubarts *Geschichte des menschlichen Herzens* (1775); historische Quellen waren reale Räuberbanden, der historische Familienkonflikt in der „Akte Buttlar" (1734–1736) und der Sonnenwirt Friedrich Schwan.

Entstehung

Entstehung während Schillers Jugendzeit auf der Militärakademie

Schillers **Dramenerstling** *Die Räuber* stammt aus seiner **Jugendzeit**, die er auf der **Militärakademie** zu Stuttgart zubrachte, der späteren **Hohen Karlsschule**.

Über die Entstehungsgeschichte der *Räuber* gibt es keine eindeutigen Unterlagen. Da von Schiller selbst keine expliziten Äußerungen dazu vorliegen, ist man in der Forschung auf die Auslegung verschiedener Anmerkungen aus dem Verwandten- und Freundeskreis Schillers angewiesen, die jedoch erst in Erinnerung

3.1 Entstehung und Quellen

an den unterdessen berühmten Dichter gemacht worden sind. Es ist anzunehmen, dass Schiller im Jahre 1776 mit der Niederschrift begonnen hat, die Arbeit dann für die Vorbereitung zu seinem medizinischen Examen für zwei Jahre hat ruhen lassen, sodass der **Entstehungszeitraum** der *Räuber* hauptsächlich in die Jahre **1779/80** fällt, das letzte Jahr auf der Militärakademie.[6] Somit ist das Drama zeitlich der **literarischen Epoche des Sturm und Drang** zuzuordnen, eine besondere geistige Bewegung in Deutschland von Mitte der sechziger bis Ende der achtziger Jahre des 18. Jahrhunderts. Das Drama trägt gleichzeitig Züge der zentralen geistigen Strömungen der Aufklärung und der Empfindsamkeit, die zur Zeit der Entstehung integrativ verlaufen und daher nicht deutlich voneinander abzugrenzen sind.

Titelblatt der zweiten Löffler'schen Ausgabe von 1782
© ullstein bild

Anmerkungen zur **Arbeitsweise des jungen Schiller** an seinem ersten Drama gibt u. a. seine Schwester Christophine Schiller:

„Die Zöglinge der Akademie durften abends nur bis zu einer bestimmten Stunde Licht brennen. Da gab sich Schiller, dessen Fantasie in der Stille der Nacht besonders lebhaft war, und der in den Nächten sich gern selbst lebte, was der Tag nicht erlaubte, oft als krank an, um in dem Krankensaale der Vergünstigung einer Lampe zu genießen. In solcher Lage wurden die ‚Räuber' zum Teil geschrieben. Manchmal visitierte der Herzog den Saal; dann fuhren die ‚Räuber' unter den Tisch; ein unter ihnen

---

6 Vgl. Grawe, Christian: *Friedrich Schiller. Die Räuber. Erläuterungen und Dokumente*. Stuttgart: Philipp Reclam jun., 2002, S. 123 f.

3.1 Entstehung und Quellen

liegendes medizinisches Buch erzeugte den Glauben, Schiller benutze die schlaflosen Nächte für seine Wissenschaft."[7]

Niederschrift in Sequenzen

Der **Jugendfreund Schillers Johann Wilhelm Petersen** berichtet, dass das Stück nicht in einem „Guss" niedergeschrieben worden sei:

> „Schiller arbeitete einzelne Selbstgespräche und Auftritte aus, ehe er das Grundgewebe des Ganzen überdachte, ehe er Anlage, Verwicklung und Entwicklung bestimmt, Schatten und Licht verteilt und die Formen gehörig aneinander gereihet hatte."[8]

Ein Brief Schillers an Petersen vom November/Dezember des Jahres 1780[9], in dem der Dichter schildert, warum er die Herausgabe seines Trauerspiels wünscht, lässt darauf schließen, dass *Die Räuber* zu diesem Zeitpunkt abgeschlossen sind.

Die Räuber erscheinen anonym im Jahre 1781

Im Frühjahr des Jahres **1781** erscheint Schillers Dramenerstling anonym im Selbstverlag.

Eine zweite, verbesserte Auflage, für die Schiller ein kurzes Vorwort schrieb und die die berühmte Löwenvignette mit den Worten *„in tirannos"* (gegen die Tyrannen) trägt, erschien Anfang 1782 bei **Tobias Löffler** in Mannheim mit dem fingierten Druckort Frankfurt und Leipzig.[10]

Die Räuber sind am **13. Januar 1782 im Mannheimer Nationaltheater uraufgeführt** worden, jedoch in einer vom Intendanten Wolfgang Heribert von Dalberg **zensierten Version**, die gravierende Änderungen des Textes verlangte. Schiller selbst war ohne

---

7 Zitiert nach Grawe, S. 124.
8 Zitiert nach Grawe, S. 126.
9 Vgl. Grawe, S. 127.
10 Vgl. Grawe, S. 74.

3.1 Entstehung und Quellen

herzögliche Genehmigung heimlich nach Mannheim gekommen, um die Aufführung mitzuerleben.

Dem **Bericht eines Augenzeugen** zufolge war die Aufführung trotz der Änderungen ein voller Erfolg und von außerordentlicher Wirkung auf das Publikum:

Sensationeller Erfolg der Mannheimer Uraufführung

> „Das Theater glich einem Irrenhause, rollende Augen, geballte Fäuste, stampfende Füße, heisere Aufschreie im Zuschauerraum! Fremde Menschen fielen einander schluchzend in die Arme, Frauen wankten, einer Ohnmacht nahe, zur Türe. Es war eine allgemeine Auflösung wie im Chaos, aus dessen Nebeln eine neue Schöpfung hervorbricht!"[11]

Der Herzog belegte Schillers Entfernung aus Stuttgart mit einem vierzehntägigen Arrest und dem Verbot, mit dem „Ausland" in Beziehung zu treten. Schiller **emigrierte** jedoch heimlich am Abend des 22. September **1782 nach Mannheim**, um seinen Erstlingserfolg fortsetzen zu können. Schiller schrieb hierzu: „*Die Räuber* kosteten mir Familie und Vaterland."[12]

Schiller ließ nach der erfolgreichen Erstaufführung im selben Jahre in einer Buchhandlung in Mannheim eine neue Auflage drucken, in der er die schlimmsten Entstellungen rückgängig machte.[13]

---

11 Zitiert nach Grawe, S. 144.
12 Zitiert nach Grawe, S. 144.
13 Vgl. Grawe, S. 97.

3.1 Entstehung und Quellen

Quellen

Zahlreiche stoffliche Einflüsse

Die stofflichen Einflüsse auf Schillers *Räuber* sind zahlreich, an dieser Stelle können jedoch nur die bedeutendsten Quellen aufgeführt werden. Neben der **Einwirkung von Schillers eigener, umfangreicher Lektüre** von insbesondere „Shakespeare, Klopstock, Ossian, Plutarch, Young, Goethe und ‚Julius von Tarent'"[14] bildet die zunächst wesentlichste Quelle Christian Friedrich Daniel **Schubarts** (1739–91) Prosatext *Zur Geschichte des menschlichen Herzens*, der im Jahre 1775 erschienen ist. Als eine der in der zweiten Hälfte des 18. Jahrhunderts beliebten moralischen Erzählungen schildert Schubarts Erzählung den Zusammenstoß zweier ungleicher Brüder, nämlich des verwerflichen und des musterhaften (siehe 5. Materialien), die Ähnlichkeit des Stoffes zu Schillers *Räubern* ist offensichtlich.

Eine weitere literarische Quelle für die *Räuber* ist der **Räuber Roque aus Miguel de Cervantes' *Don Quixote***, der durch seine adlige, sozial gesinnte Persönlichkeit an den Räuber Moor erinnert.

Historische Quellen

In seinen historischen Studien zu Schillers Schauspiel hat Günther Kraft die historischen Quellen erforscht und auf **Verbindungen zwischen der fiktiven Räuberbande und der Krummfinger-Balthasar-Bande** aus der Mitte des 18. Jahrhunderts hingewiesen:

> „Allein die im Folgenden beschriebenen ‚Themarer Protokolle' lassen erkennen, dass der Wirkungskreis zwischen Rhein, Main und Donau und den Waldgebirgen Thüringens, Frankens und Böhmens eine Einheit darstellte und dieses ‚böse Gesindel' in Gruppenstärken bis zu 1500 Personen auftrat, wie eine Generalverordnung vom 4. April 1722 des Königlichen und Kurfürstlichen Amtes zu Dresden mitteilt. (...) Auch die ‚Räuberhöhle', die ‚Räuberbande', die ‚Räuberbraut' der Morität finden in dem

---

14   Grawe, S. 172

3.1 Entstehung und Quellen

Bericht des jungen Mahr reale Vorlagen, wie sie Friedr. Schiller in dem Gesang der Räuber, vom ‚kareßieren, saufen, balgen' und vom ‚freien Leben voller Wonne', in genauer Erfassung des Milieus nachzugestalten wusste. Auch hierfür gibt das Protokoll von 1753 starke Assoziationen: das verfallene Schloss, die auf der Erde lagernde Bande, das freie geschlechtliche Verhältnis zueinander, das Balgen um Beute – bis zum Mord, das Hantieren bei Sturm und Wind, das Einladen bei Pfaffen (...). Über die Verbreitung der Bande des Krummfingers-Balthasar (...) liegen weitere Berichte aus zeitgenössischen Chroniken und Reiseberichten vor."[15]

Kraft betont darüber hinaus **Parallelen zwischen dem fiktiven Familienkonflikt** des Schauspiels und dem in der „Akte Buttlar" (1734–1736) enthaltenen historischen:

„Major von Buttlar (...) wird des Mordes an Freifrau von Lentersheim-Eyb bezichtigt. Er ließ diesen Mord durch seine Banditen, die Angehörige der mitteldeutsch-fränkischen Räuberbande waren, ausführen und entlohnte sie nach erfolgter Tat. In der Akte wird von Buttlar als „Schurke" bezeichnet, aber offensichtlich durch seinen in höheren Justizdiensten befindlichen Schwager gedeckt, der das Inquisitionsverfahren entgegen aller Gepflogenheit von Beginn an selbst in die Hand nahm und gewisse Feststellungen einseitig vornahm. (...) Der durch von Buttlar ausgelöste Familienkonflikt trägt die Züge einer Erbauseinandersetzung und ergibt eine eindeutige Gruppierung zweier Verwandtenkreise, die gegeneinander stehen."[16]

---

[15] Kraft, Günther: *Historische Studien zu Schillers Schauspiel ‚Die Räuber'. Über eine mitteldeutsch-fränkische Räuberbande des 18. Jahrhunderts*. Weimar: Arion Verlag, 1959, S. 44.
[16] Ebd., S. 96 f.

3.1 Entstehung und Quellen

Schillers Philosophieprofessor Friedrich Abel zufolge liegt in der realen Geschichte des sogenannten **Sonnenwirts Friedrich Schwan** eine weitere bedeutende historische Quelle für *Die Räuber*. Besagter Sonnenwirt wurde im Jahre 1761 in Schwaben hingerichtet, da er aufgrund eines zunehmenden Rachebedürfnisses an der Justiz Anführer einer Räuberbande wurde. Schiller selbst hat sein Schicksal in der Erzählung *Der Verbrecher aus verlorener Ehre* (1792) gestaltet.

3.2 Inhaltsangabe

ZUSAMMENFASSUNG

Das Drama handelt von einem Familienkonflikt, der sich als gesellschaftlicher Konflikt entfaltet. Franz von Moor, zweitgeborener und somit nicht in der direkten Erbfolge stehender Sohn des Grafen Maximilian von Moor, erhebt entgegen der „unfairen" Natur und Gesellschaftsordnung Anspruch auf die zukünftige Herrschaft über die Grafschaft Moor und intrigiert gegen den Vater sowie Bruder Karl. Dieser, von Natur, Vater und Frau bevorzugt, hält sich in Leipzig auf, als ihn der intrigante Brief von Franz erreicht, demzufolge er wegen vermeintlicher moralischer Verfehlungen von seinem Vater verbannt wird. Karl sieht sich verstoßen und schließt sich aufgrund seiner persönlichen Enttäuschung und seines gekränkten Gerechtigkeitsempfindens einer Räuberbande an, um (vermeintliches) gesellschaftliches Unrecht zu rächen. Beide Brüder erreichen ihren Höhepunkt (als Herrscher und als Räuberhauptmann), scheitern jedoch: Franz, der zuletzt als gewissenloser Herrscher über das Moorsche Schloss von den Räubern bestürmt wird, sieht keinen Ausweg und richtet sich selbst. Karl, der zunehmend in Gewissenskonflikte aufgrund seiner Räubertaten und seines Rechtsempfindens gerät, liefert sich, nachdem er keine Lösung mehr sieht, der Justiz aus.

3.2 Inhaltsangabe

Akt I

Franz bringt seinen Vater, den alten Moor, dazu, Karl seine Gunst zu entziehen und lässt diesem in Leipzig einen fingierten Brief mit dem väterlichen Bann zukommen. Karl, der sich zuvor von seinen unflätigen Machenschaften losgesagt hatte und auf das Schloss zurückkehren wollte, bricht in Hasstiraden aus und lässt sich von seinen Kameraden zum Räuberhauptmann ernennen. Die Räuberbande bricht in die Böhmischen Wälder auf, während Franz auf dem Schloss Amalia zu gewinnen versucht, deren Herz jedoch dem verhassten Bruder Karl gehört. Amalia durchschaut Franzens Falschheit und beschwört ihre Liebe zu Karl.

Szene 1

Der alte Moor erliegt Franzens Intrige

In einem Saal im Moorschen Schloss in Franken präsentiert Franz Moor seinem Vater, dem Grafen Maximilian von Moor, einen gefälschten Brief über den vermeintlich lasterhaften Lebenswandel seines älteren, in Leipzig studierenden Bruders Karl. Franz hat zuvor ein Schreiben Karls unterschlagen, in welchem dieser seinen Vater nach einigen leichtsinnigen Taten um Versöhnung gebeten hat. Auf heuchlerische Weise versteht es Franz, seinen naiven Vater gegen den ihm verhassten, rechtmäßigen Erbfolger Karl aufzubringen. Der alte Moor vertraut Karl nicht genug, um Franzens Beschuldigung, dass er selbst durch zu viel Nachsicht und Ungerechtigkeit Karls Lebenswandel herbeigeführt habe, zurückzuweisen.

Nachdem er den alten Moor durch seine manipulatorischen Fähigkeiten in äußerste Verzweiflung gestürzt hat, erlangt Franz, von Natur und Vater benachteiligt, die Möglichkeit, die engen Bande zwischen seinem Vater und dessen Lieblingssohn zu sprengen. Der alte Moor ermahnt Franz zwar, Karl nicht in Verzweiflung zu bringen, dennoch überlässt er es Franz, den Brief an Karl zu schreiben, in welchem er sich von Karl lossagt.

3.2 Inhaltsangabe

Nun hat Franz freie Bahn, um durch den Bruch zwischen Vater und Bruder zunächst Alleinerbe und schließlich Alleinherrscher über die Grafschaft zu werden.

Stichwörter/wichtige Textstellen:
Beginn der Intrige, Einleitung des Familienkonflikts: „Aber ist Euch auch wohl, Vater? Ihr seht so blass." (I, 1, HL S. 7, Z. 1/R S. 11, Z. 5)

Plan Franzens: „Und Gram wird auch den Alten bald fortschaffen – und ihr muss ich diesen Karl aus dem Herzen reißen, wenn auch ihr halbes Leben dran hängen bleiben sollte." (I, 1, HL S. 13, Z. 24 ff./R S. 18 f., Z. 37 f.)

Ziel, Motiv Franzens: „Frisch also! mutig ans Werk! – Ich will alles um mich her ausrotten, was mich einschränkt, dass ich nicht **Herr** bin. **Herr** muss ich sein, dass ich das mit Gewalt ertrotze, wozu mir die Liebenswürdigkeit gebricht." (I, 1, HL S. 15, Z. 24 ff./R S. 21, Z. 19 ff.)

Szene 2
In einer Schenke an den Grenzen von Sachsen disputiert Karl von Moor hitzig mit seinem Kommilitonen Spiegelberg über die gegenwärtigen gesellschaftlichen Missverhältnisse. Karl ekelt vor dem „tintenklecksenden Säkulum" (I, 2, HL S. 15, Z. 29/R S. 21, Z. 27 f.), er dürstet nach Freiheit und Raum, um seine Kräfte entfalten zu können, ohne in Gesetze und Konventionen gepresst zu sein. Das gegenwärtige „schlappe Kastratenjahrhundert" sei „zu nichts nütze, als die Taten der Vorzeit wiederzukäuen und die Helden des Altertums mit Kommentationen zu schinden und zu verhunzen mit Trauerspielen." (I, 2, HL S. 16, Z. 22 ff./R S. 22, Z. 22 ff.)

Karl hat den heftig kritisierten Verhältnissen jedoch nichts entgegenzusetzen als studentische „Narrenstreiche", die er im Ge-

3.2 Inhaltsangabe

gensatz zu Spiegelberg, der ihn seiner Reue wegen lauthals verspottet, bereut. Karl schämt sich seiner Taten, mit denen er im Weinrausch zu prahlen pflegte, und will sich nun für immer von seinen Kumpanen trennen und in die Heimat zurückkehren.

Karl Moor erliegt der Intrige seines Bruders

Die Post trifft ein, doch statt des sehnsüchtig erwarteten, versöhnlichen Briefes seines Vaters erreicht ihn der von Franz verfasste väterliche Fluch. Während Karl den Brief liest, beschließt Spiegelberg mit den anderen Genossen, der Gesellschaft zum Trotz in den böhmischen Wäldern eine Räuberbande zu gründen. Aus Mangel an Vertrauen erliegt Karl der Intrige seines Bruders, in tobender Wut macht er die gesamte Gesellschaft für die vermeintliche Verstoßung aus der familiären Ordnung durch den Vater verantwortlich.

Karl sieht sich durch seine große Liebe zum Vater von diesem und der gesamten Menschheit betrogen, in blinder Verzweiflung will er nun sein persönliches Übel mit allgemeinem Übel vergelten und ist spontan dazu bereit, zum Ärger des politisch kalkulierenden Spiegelbergs, das Haupt der Räuberbande zu werden.

Treueschwur des Räuberhauptmanns Karl Moor

Gemeinsam mit seinen Genossen schwört er gegenseitige Treue bis in den Tod.

Stichwörter/wichtige Textstellen:

Antithetik, Karls soziale Anklage: Freiheit versus Gesetz, Natur versus Konvention, Kleinstaaterei versus Größenfantasien:

„Ich soll meinen Leib pressen in eine Schnürbrust und meinen Willen schnüren in Gesetze. Das Gesetz hat zum Schneckengang verdorben, was Adlerflug geworden wäre. Das Gesetz hat noch keinen großen Mann gebildet, aber die Freiheit brütet Kolosse und Extremitäten aus." (I, 2, HL S. 17, Z. 4 ff./R S. 23, Z. 12 ff.)

3.2 Inhaltsangabe

Karls Wunsch: „Im Schatten meiner väterlichen Haine, in den Armen meiner Amalia lockt mich ein edler Vergnügen." (I, 2, HL S. 20, Z. 34 f./R S. 27, Z. 33 ff.)

Karls Misere:

> „(...) was für ein Tor ich war, dass ich ins Käficht zurückwollte! – Mein Geist dürstet nach Taten, mein Atem nach Freiheit, – **Mörder, Räuber!** – mit diesem Wort war das Gesetz unter meine Füße gerollt (...) – Ich habe keinen Vater mehr, ich habe keine Liebe mehr, und Blut und Tod soll mich vergessen lehren, dass mir jemals etwas teuer war! (...) – tretet her um mich ein jeder und schwöret mir Treu und Gehorsam zu bis in den Tod!" (I, 2, HL S. 27, Z. 27 ff./R S. 36, Z. 19 ff.)

Szene 3

Im Schloss des alten Moor versucht Franz, jenen Plan zu verwirklichen, Amalia Karl aus dem Herzen zu reißen und sich durch scheinheilige Liebesbekundungen selbst an die Stelle des Bruders zu platzieren. Im Gegensatz zu dem leichtgläubigen Vater und dem naiven Karl, die beide Franzens Intrige erliegen, lässt sich Amalia nicht aus der Ordnung reißen.

Amalia bleibt standhaft

Sie bewahrt eiserne Treue und tiefes Vertrauen zu ihrem Geliebten, verschmäht alle Bemühungen des Intriganten und jagt ihn schließlich, tiefe Verachtung bekundend, davon.

Stichwörter/wichtige Textstellen:

Franz scheitert mit seiner Intrige an Amalia.

3.2 Inhaltsangabe

Akt II

Um den Tod des Vaters, der für seine Machtübername erforderlich ist, zu beschleunigen, manipuliert Franz Hermann, der dem schwächelnden Vater vom vermeintlichen Tod des Lieblingssohnes Karl berichten soll. Karl indes lebt unter seinen Räubern, rächt gesellschaftliches Unrecht, während andere Räuber jedoch aus skrupelloser Habgier ihr Unwesen treiben.

Szene 1

Franz plant den Vatermord.

Elf Monate sind bereits vergangen, ohne dass Graf Maximilian von Moor durch die Trauer um den verlorenen Sohn Karl gestorben ist. Wegen des „ärgerlichen zähen Klumpen Fleisch(es)" (II, 1, HL S. 33, Z. 3 f./R S. 43, Z. 6 f.) hat Franz noch immer nicht die erwünschte Alleinherrschaft erlangt, weshalb er nun in seinem Zimmer überlegt, wie er sich auf unauffällige Weise seines Vaters entledigen kann. Nach langem Sinnen ist der Plan gefasst, durch Verzweiflung als todbringenden Affekt „den Körper vom Geist aus zu verderben" (II, 1, HL S. 33, Z. 26/R S. 43, Z. 31).

Franz instrumentalisiert Hermann zu seinem Werkzeug

Um seinen Plan zu verwirklichen, instrumentalisiert Franz Hermann, einen Bastard und abgewiesenen Verehrer Amalias, als „Deus ex machina" (II, 1, HL S. 34, Z. 31 f./R S. 45, Z. 6).

Als Meister der psychologischen Manipulation stellt Franz Hermann die Beleidigungen des alten Moor und Karls Rivalität hinsichtlich Amalia vor Augen. Schnell ist dieser willig, dem alten Moor die Nachricht zu überbringen, dass sich Karl aus Verzweiflung über den väterlichen Fluch in den Tod auf dem Schlachtfeld gestürzt hat.

Stichwörter/wichtige Textstellen:

Instrumentalisierung Hermanns, Absicht Franzens: „Wenn der Ochse den Kornwagen in die Scheune gezogen hat, so muss er mit

3.2 Inhaltsangabe

Heu vorlieb nehmen. Dir eine Stallmagd, und keine Amalia!" (II, 1, HL S. 37, Z. 25 ff./R S. 48, Z. 25 ff.)

Franz als Meister der psychologischen Kriegsführung.

Szene 2

Im Schlafzimmer des alten Moor sitzt Amalia bei dem schwächlichen Greis, der in sehnsüchtiger Erinnerung an Karl vor sich hin vegetiert. Der Greis klagt über vergangenes Glück, als der als Bote verkleidete Hermann erscheint und den Tod Karls verkündet.

Nachricht vom vermeintlichen Tod Karls

Der alte Moor ist zutiefst erschüttert, „grässlich schreiend, sich die Haare ausraufend" (II, 2, HL S. 41, Z. 27 f./R S. 53, Z. 21 f.) gibt er sich die Schuld an dem scheinbaren Tod Karls. Amalia ist schockiert über den von Hermann dargebrachten letzten Willen ihres Geliebten, sich in die Obhut Franzens zu geben, und läuft verzweifelt davon.

Nach hektischen Gebärden beschuldigt der alte Moor Franz, ihm seinen Sohn gestohlen zu haben, und „wütet wider sich selber" (II, 2, HL S. 43, Z. 4/R S. 55, Z. 12). Nach einigem Hin und Her der Trauer und Verzweiflung fällt er schließlich in schwere Ohnmacht.

Nach todesähnlicher Ohnmacht des alten Moor ist Franz Herr

Nun ist Franz Herr, denn „Schlaf und Tod sind nur Zwillinge" (II, 2, HL S. 45, Z. 20 f./R S. 58, Z. 12 f.). Er triumphiert über seinen scheinbaren Sieg und präsentiert sich als boshafter Tyrann, der seine Untergebenen in Armut und Furcht leben lassen will.

Stichwörter/wichtige Textstellen:

Durch psychologische Manipulation körperlich und geistig ruinierter Vater (erkennbar durch Auflösen der Syntax); der verlorene Sohn; Antithetik, Franz spricht sich selbst Mut zu, handelt aus Hilflosigkeit heraus (II, 2, HL S. 45, Z. 25 f./R S. 58, Z. 18 f.).

3.2 Inhaltsangabe

Franz als absolutistischer Herrscher:

„Nun sollt ihr den nackten Franz sehen, und euch entsetzen! (...) Meine Augbraunen sollen über euch herhangen wie Gewitterwolken, mein herrischer Name schweben wie ein drohender Komet über diesen Gebirgen, meine Stirne soll euer Wetterglas sein! (...) Ich will euch die zackigte Sporen ins Fleisch hauen, und die scharfe Geißel versuchen. (...) Blässe der Armut und sklavischen Furcht sind meine Leibfarbe: in diese Liverei will ich euch kleiden!" (II, 2, HL S. 45, Z. 26 ff./R S. 58, Z. 19 ff.)

Szene 3

Gräueltaten der Räuber

Zur selben Zeit treiben die Räuber mit ihrem Anführer Karl in den böhmischen Wäldern ihr Unwesen. Auch Spiegelberg trifft erneut auf den Räuberhaufen und prahlt mit seinen in der Zwischenzeit begangenen Schandtaten, die deutlich im Kontrast zu den Taten Karls stehen. Während Spiegelberg grausame Verbrechen begeht, wie die der Schändung eines Klosters samt der Klosterschwestern, erweist sich Karl als ‚ehrenhafter' Räuber, der nicht „um des Raubes willen" (II, 3, HL S. 50, Z. 23/R S. 64, Z. 21) mordet, sondern im Namen der Gerechtigkeit die Beute an Hilfsbedürftige verschenkt. Spiegelberg mahnt Razmann, Karl von seinen Taten nichts zu erzählen.

Während Schwarz herbeistürmt und von der Verhaftung und drohenden Todesstrafe Rollers berichtet, hat Moor seinen liebsten Untertanen bereits befreit und somit seine Treue gegenüber seinen Kumpanen bewiesen. Während der Befreiungsaktion legen Moor und sein Gefolge jedoch die gesamte Stadt, in der Roller gehängt werden sollte, in Schutt und Asche. Als Schufterle berichtet, dass bei der Befreiung Rollers „sechzig zu Staub zerschmettert" (II, 3, HL S. 55, Z. 36/R S. 71, Z. 2) worden sind, wird Moor

3.2 Inhaltsangabe

bewusst, dass sein Einsatz für eine gerechtere, soziale Ordnung entgegen seiner Intention auch auf Seiten der Unschuldigen Opfer fordert.

Karl erkennt, dass der Gewalt auch Unschuldige zum Opfer fallen.

Schockiert über den Kinder-, Frauen- und Krankenmord will Karl fliehen, doch in diesem Moment sind die Räuber bereits von etlichen Soldaten umzingelt. Moor selbst hat zuvor diese Falle gestellt, um die Treue seiner Untertanen zu testen. Als der Pater auftritt, hat Moor zunächst erneut Gelegenheit, um die Motive seiner Taten zu rechtfertigen. Obwohl er sich bereits der Schuld bewusst geworden ist, attackiert er stolz die Gesellschaft, die seiner Meinung nach aus „Pharisäern", „Falschmünzern der Wahrheit" und „Affen der Gottheit" besteht.

Schließlich lehnen die Räuber das Angebot der Freiheit im Gegenzug für die Auslieferung ihres Hauptmanns ab und durchbrechen kämpfend die Umzingelung. Durch diesen Treuebeweis wird die Verbindung zwischen Moor und den Räubern, den ‚Werkzeugen' seiner größeren Pläne, unzertrennlich.

Trotz erster Distanzierung Karls engere Bindung an die Räuber

Stichwörter/wichtige Textstellen:
Der Räuber Moor (vs. Spiegelberg):

> „Er mordet nicht um des Raubes willen wie wir – nach dem Geld schien er nicht mehr zu fragen, sobald er's vollauf haben konnte, und selbst sein Drittteil an der Beute, das ihn von Rechts wegen trifft, verschenkt er an Waisenkinder, oder lässt damit arme Jungen von Hoffnung studieren. Aber soll er dir einen Landjunker schröpfen, der seine Bauren wie das Vieh abschindet, oder einen Schurken mit goldnen Borten unter den Hammer kriegen, der die Gesetze falschmünzt, und das Auge der Gerechtigkeit übersilbert, oder sonst ein Herrchen von dem Gelichter – Kerl! da ist er dir in seinem Element, und haust teu-

3.2 Inhaltsangabe

felmäßig, als wenn jede Faser an ihm eine Furie wäre." (II, 3, HL S. 50, Z. 23 ff./R S. 64, Z. 21 ff.)

Dialektik – Karl erkennt, dass seine Mittel pervertiert und unkontrollierbar werden:

> „Höre sie nicht, Rächer im Himmel! – Was kann ich dafür? Was kannst du dafür, wenn deine Pestilenz, deine Teurung, deine Wasserfluten, den Gerechten mit dem Bösewicht auffressen? Wer kann der Flamme befehlen, dass sie nicht auch durch die gesegneten Saaten wüte, wenn sie das Genist der Hornissel zerstören soll? – O pfui über den Kindermord! den Weibermord! – den Krankenmord! Wie beugt mich diese Tat! Sie hat meine schönsten Werke vergiftet – da steht der Knabe, schamrot und ausgehöhnt vor dem Auge des Himmels, der sich anmaßte, mit Jupiters Keile zu spielen, und Pygmäen niederwarf, da er Titanen zerschmettern sollte – geh, geh! du bist der Mann nicht, das Rachschwert der obern Tribunale zu regieren, du erlagst bei dem ersten Griff – hier entsag ich dem frechen Plan, gehe, mich in irgendeine Kluft der Erde zu verkriechen, wo der Tag vor meiner Schande zurücktritt." (II, 3, HL S. 56, Z. 28 ff./R S. 72, Z. 2 ff.)

Moor hat selbst die Falle gestellt, seine ‚Nächsten' preisgegeben (Parallelität zu Franz): „Ich hab sie vollends ganz einschließen lassen, itzt müssen sie fechten wie Verzweifelte." (II, 3, HL S. 57, Z. 36 f./R S. 73, Z. 23 f.)

Moor hat sich von seinen Räubern distanziert, ist gleichzeitig enger an sie gekettet: „Ihr seid nicht **Moor**! – Ihr seid heillose Diebe! Elende Werkzeuge meiner größeren Plane, wie der Strick verächtlich in der Hand des Henkers!" (II, 3, HL S. 63, Z. 2 ff./R S. 79 f., Z. 36 ff.)

3.2 Inhaltsangabe

Akt III

Auf dem Höhepunkt seiner Macht angekommen, muss Franz eine Niederlage von Amalia einstecken, derer er sich nicht bemächtigen kann. Zudem bricht Hermann zusammen und lüftet das Geheimnis um den noch lebenden Karl und den Vater. Karl, der sich und seine Räuber aus der Umklammerung der böhmischen Truppen nicht ohne Blutvergießen befreien konnte, quälen starke Selbstzweifel. Durch den Räuber Kosinsky wird er an sein eigenes Schicksal und an Amalia erinnert. Er befiehlt den Aufbruch nach Franken, seine Heimat.

Szene 1

Im Garten des Moorschen Schlosses singt Amalia zur Laute über ihre treue Liebe zu Karl, als Franz erscheint und als neuer Herr des Hauses wiederholt um ihre Hand wirbt. Amalia weist ihn jedoch wieder zurück, diesmal sogar mit Waffengewalt.

Franz scheitert erneut an Amalia

Als Amalia beschließt, sich in ein Kloster zurückzuziehen, um sich vor Franz, der sie mit Gewalt zu seiner Mätresse machen will, in Sicherheit zu bringen, tritt Hermann schüchtern herein. Voller Reue gesteht dieser seine Taten und berichtet Amalia, dass sowohl Karl als auch sein Vater noch am Leben seien.

Hermann verrät Franz

Stichwörter/wichtige Textstellen:

Umschlag der Handlung: Amalia verjagt Franz; Franzens Plan scheitert durch Verrat Hermanns.

Szene 2

Karl lagert auf einer Anhöhe unter Bäumen an der Donau. Beim Anblick der malerischen Landschaft im Sonnenuntergang verfällt er in tiefe Melancholie. Karl ist verzweifelt, denn er hat erkannt, dass er aus der göttlichen Ordnung herausgefallen ist und durch

3.2 Inhaltsangabe

diesen Auschluss als „Ungeheuer auf dieser herrlichen Erde" (III, 2, HL S. 69, Z. 5/R S. 87, Z. 2 f.) unter Mördern, „angeschmiedet an das Laster mit eisernen Banden" (III, 2, HL S. 69, Z. 17 f./R S. 87, Z. 16), leben muss. Bei dem letzten Gefecht ist auf Seiten der Räuber Roller ums Leben gekommen. Als Moor erfährt, dass von den Feinden insgesamt dreihundert Leute gestorben sind, ist er vor Verzweiflung außer sich und schwört den Räubern erneut ewige Treue.

Trotz Schulderkenntnis erneuter Treueschwur Karls

Der junge Graf von Kosinsky tritt auf und bemüht sich um die Aufnahme in die Bande, wovon ihn Karl zunächst abzubringen versucht. Erst als Kosinsky berichtet, dass er einer Intrige zum Opfer gefallen ist, durch die er seine Geliebte namens Amalia verloren hat, nimmt Karl ihn spontan auf. Heftig bewegt und durch Kosinskys Schicksal an seine Amalia erinnert, ruft er seine Bande auf, nach Franken aufzubrechen.

Rückkehr nach Franken

Stichwörter/wichtige Textstellen:
Melancholie Karls, fehlgeschlagene Pläne:

> „(...) ich habe die Menschen gesehen, ihre Bienensorgen, und ihre Riesenprojekte – ihre Götterplane und ihre Mäusegeschäfte, das wunderseltsame Wettrennen nach Glückseligkeit (...) dieses bunte Lotto des Lebens, worein so mancher seine Unschuld, und – seinen Himmel setzt, einen Treffer zu haschen, und – Nullen sind der Auszug – am Ende war kein Treffer darin. Es ist ein Schauspiel, Bruder, das Tränen in deine Augen lockt, wenn es dein Zwerchfell zum Gelächter kitzelt." (III, 2, HL S. 68, Z. 9 ff./R S. 85 f., Z. 33 ff.)

3.2 Inhaltsangabe

Karls Erkenntnis:

> „Und ich so hässlich auf dieser schönen Welt – und ich ein Ungeheuer auf dieser herrlichen Erde. (...) Meine Unschuld! (...) dass alles so glücklich ist, durch den Geist des Friedens alles so verschwistert! – die ganze Welt eine Familie und ein Vater dort oben – Mein Vater nicht – Ich allein der Verstoßene, ich allein ausgemustert aus den Reihen der Reinen (...) Umlagert von Mördern – von Nattern umzischt – angeschmiedet an das Laster mit eisernen Banden – hinausschwindelnd ins Grab des Verderbens auf des Lasters schwankendem Rohr – mitten in den Blumen der glücklichen Welt ein heulender Abbadona!" (III, 2, HL S. 69, Z. 4 ff./R S. 87, Z. 1 ff.)

Akt IV

Als Graf von Brand verschafft sich Karl Zutritt zum Schloss und erfährt von den Mordplänen seines Bruders, der zuletzt den ehrwürdigen Diener Daniel auf den Grafen angesetzt hat. Karl berichtet Amalia, ohne sich ihr zu erkennen zu geben, von seinen Gräueltaten als Hindernis für eine Rückkehr zu „seiner" Amalia, die wiederum die Reinheit und Tugendhaftigkeit „ihres" Karls preist. Karl zerbricht innerlich und flieht zu den Räubern, die vor dem Schloss lagern. Nachts trifft er auf Hermann und muss entdecken, dass sein geliebter Vater von Franz eingekerkert worden ist, was Rachegelüste in ihm weckt. Karl befiehlt den Angriff auf das Schloss.

Szene 1

Vermutlich acht Tage später erreicht Karl mit seinen Getreuen die ländliche Gegend um das Moorsche Schloss. Bevor er sich inkognito als Graf von Brand und Kosinsky als seinen Reitknecht im

Rückkehr Karls als Graf von Brand

3.2 Inhaltsangabe

väterlichen Schloss melden lässt, verweilt er zunächst, durch Erinnerungen an glückliche Kindertage in schwere Melancholie versetzt, in der heimatlichen Umgebung.

Je deutlicher ihm diese Erinnerungen werden, umso unerträglicher wird ihm der gegenwärtige Ausschluss aus seinem Vaterhaus, bis er die Flucht ergreifen will.

Doch er reißt sich erneut aus dieser Verzweiflung los und geht in das Schloss hinein.

Stichwörter/wichtige Textstellen:
Innere Zerrissenheit Karls, Spannung.

Szene 2

Nachdem in der Zwischenzeit ein gemeinsames Essen zwischen Amalia, dem Grafen von Brand (alias Karl Moor) und dem Hausherrn Franz stattgefunden hat, bei dem von Brand geäußert hat, dass er den alten Grafen von Moor vor achtzehn Jahren gekannt habe, führt Amalia den „Besucher" nun in die Ahnengalerie. Sofort erkennt Karl, der Totgeglaubte, das Bild des Vaters und ist zu Tränen gerührt. Als sie schließlich vor Karls eigenem Porträt stehen, bemerkt Karl an den Tränen Amalias, dass ihre Liebe zu ihm ungetrübt ist. Amalia läuft vor Kummer davon und auch Karl, ergriffen vom Anblick des Vaters, rennt, sich selbst des Vatermordes beschuldigend, davon.

Franz erkennt in dem Grafen seinen Bruder

Franz betritt den Raum in tiefen Gedanken. Er sieht in dem Grafen von Brand einen „Spion der Hölle" (IV, 2, HL S. 78, Z. 35/R S. 98, Z. 13), und auch die Begeisterung Amalias für den Fremden macht ihn instinktiv misstrauisch. Beim Anblick des Porträts seines Bruders wird ihm plötzlich klar, dass der Graf niemand anders als der verhasste Karl selbst ist. Damit der Bruder ihm nicht seine Pläne durchkreuzt, beschließt er, sein Werk konsequent zu Ende

3.2 Inhaltsangabe

zu führen, wofür er allerdings die Hilfe des alten Dieners Daniel benötigt. Franz, der jedem misstraut und alles, was sich ihm entgegenstellt, vernichten will, verlangt von Daniel „*blinden* Gehorsam" (IV, 2, HL S. 81, Z. 25/R S. 101, Z. 32). Er erpresst den gottesfürchtigen Diener zu dem Versprechen, den Fremden zu vergiften.

Franz befiehlt Daniel, Karl zu vergiften

Als Franz erneut allein ist und über seine Situation nachdenkt, wird deutlich, wie sinnlos ihm das Leben ist. Sinn stiftend ist für ihn nur der eigene Vorteil, die Macht, sich alles andere zu unterwerfen, womit nach dem Vater- auch dem Brudermord nichts mehr entgegensteht.

Stichwörter/wichtige Textstellen:

Erstmalige Unsicherheit Franzens:

> „Weg mit diesem Bild! weg, feige Memme! (...) ist mir's nicht die wenigen Stunden, die der Graf in diesen Mauern wandelt, als schlich' immer ein Spion der Hölle meinen Fersen nach – Ich sollt' ihn kennen! (...) Es ist **Karl!** (...) Bin ich doch ohnehin schon bis an die Ohren in Todsünden gewatet, dass es Unsinn wäre zurückzuschwimmen, wenn das Ufer schon so weit hinten liegt – (...) Er soll sterben! – Der ist ein Stümper, der sein Werk nur auf die Hälfte bringt, und dann weggeht, und müßig zugafft, wie es weiter damit werden wird." (IV, 2, HL S. 78 f., Z. 32 ff./R S. 98 f., Z. 10 ff.)

Radikaler Nihilismus Franzens:

> „(...) es war nichts und wird nichts und um nichts wird kein Wort mehr gewechselt – der Mensch entsteht aus Morast, und watet eine Weile im Morast, und macht Morast, und gärt wieder zusammen in Morast, bis er zuletzt an den Schuhsohlen seines

3.2 Inhaltsangabe

Urenkels unflätig anklebt. Das ist das Ende vom Lied – der morastige Zirkel der menschlichen Bestimmung" (IV, 2, HL S. 83, Z. 24 ff./R S. 104, Z. 11 ff.).

Szene 3

Daniel verrät Franz.

In einem anderen Zimmer trifft Daniel mit dem Grafen von Brand zusammen. Schnell erkennt Daniel in dem Fremden Karl, den rechtmäßigen Erben, und deckt sowohl die Intrige Franzens auf als auch dessen Mordpläne. Zutiefst erschüttert beschließt Karl, sich nicht an dem Bruder zu rächen. Da er von Franzens Schuld im Bezug auf seinen Vater noch nichts weiß, will er lediglich Amalia noch einmal treffen und anschließend das Schloss so schnell wie möglich verlassen.

Stichwörter/wichtige Textstellen:
Karl entdeckt die Intrige:

„Betrogen, betrogen! da fährt es über meine Seele wie der Blitz! – **Spitzbübische Künste!** Himmel und Hölle! nicht du, Vater! **Spitzbübische Künste! Mörder, Räuber** durch spitzbübische Künste! Angeschwärzt von ihm! verfälscht, unterdrückt meine Briefe – voll Liebe sein Herz – oh ich Ungeheuer von einem Toren – voll Liebe sein Vaterherz – oh Schelmerei, Schelmerei! Es hätte mich einen Fußfall gekostet (...) – oh ich blöder, blöder, blöder Tor! (*Wider die Wand rennend.*) Ich hätte glücklich sein können – oh Büberei, Büberei! das Glück meines Lebens bübisch, bübisch hinweggebtrogen. (*Er läuft wütend auf und nieder.*) Mörder, Räuber durch spitzbübische Künste! – Er grollte nicht einmal! Nicht ein Gedanke von Fluch in seinem Herzen – oh Bösewicht! unbegreiflicher, schleichender, abscheulicher Bösewicht!" (IV, 3, HL S. 86 f., Z. 42 ff./R S. 108, Z. 7 ff.)

3.2 Inhaltsangabe

Szene 4

Im Garten des Schlosses trifft der Räuber Moor auf Amalia, die sich zu dem Fremden hingezogen fühlt, obwohl sie noch immer nicht erkannt hat, dass dieser Karl selbst ist. Durch rhetorisches Geschick versichert er sich in dem Gespräch der treuen Liebe Amalias, die den ehemals Totgeglaubten verherrlicht und die Erfüllung ihrer Liebe im Jenseits beschwört. Der Graf von Brand deutet daraufhin an, dass auch er eine Geliebte namens Amalia habe, dass er jedoch durch Mordschuld auf keine derartige Erlösung hoffen könne. Zu seinem Unglück hört er Amalia sagen, dass ihr Karl solcher Taten nicht fähig sei, sondern nicht einmal eine Fliege leiden sehen könne.

Als Amalia in Erinnerung an ihren Geliebten das Hektorlied anstimmt, nimmt Karl die Laute, singt einen Vers und flieht.

Amalia und Graf von Brand im Garten

Stichwörter/wichtige Textstellen:

Amalia hofft auf Erlösung im Jenseits: „(...) aber die Seelen versetzen sich aus dem staubigten Kerker, und treffen sich im Paradiese der Liebe" (IV, 4, HL S. 89, Z. 24 ff./R S. 111, Z. 15 f.).

Dramatische Ironie: Amalia vergöttert ihren Karl: „Nicht eine Fliege konnt er leiden sehen – Seine Seele ist so fern von einem blutigen Gedanken, als fern der Mittag von der Mitternacht ist" (IV, 4, HL S. 90, Z. 8 ff./R S. 112, Z. 8 ff.), Graf von Brand alias Karl kann jedoch „(...) für jeden Kuss einen Mord aufzählen (...)" (IV, 4, HL S. 90, Z. 4/R S. 112, Z. 4).

3.2 Inhaltsangabe

Uraufführung im Nationaltheater in Mannheim (17.1.1782)
© ullstein bild

Szene 5

In der Nacht lagern die Räuber in einem nahe gelegenen Wald um ein altes, verfallenes Schloss herum und singen ein Räuberlied, um Gemeinschaft und Zusammenhalt zu beschwören. Karl, der Hauptmann, ist noch immer abwesend, was erhebliche Unruhe innerhalb der Bande hervorruft. Spiegelberg will den Augenblick ergreifen, um sich an die Anführerstelle Karls zu setzen und mit Razmann einen Mordplan zu entwickeln. Karls treuster Räuber Schweizer belauscht jedoch die beiden und verhindert den hinterhältigen Mord an Karl, indem er Spiegelberg ersticht.

Schweizer ersticht Spiegelberg

Endlich erscheint Karl mit Kosinsky und deutet den Tod Spiegelbergs als ein Zeichen des vergeltenden Schicksals, das auch ihm droht. Seit Karl in seinem Vaterhaus gewesen und über die Intrige aufgeklärt worden ist, ist er keine Führernatur mehr. Er

3.2 Inhaltsangabe

nimmt die Laute, spielt den Heldengesang von Brutus und Cäsar und verfällt in tiefe Melancholie, denkt sogar an Selbstmord, da ihm sein Leben sinn- und orientierungslos erscheint.

Dennoch versucht er, sich aufzuraffen, und beschließt, seinem Schicksal entgegenzugehen.

In der finsteren Nacht begegnet ihm Hermann, der dem im Burgverließ eingesperrten alten Moor Essen bringt. Karl beobachtet die Szene, stellt Hermann entsetzt zur Rede und erkennt schließlich in dem lebendig Begrabenen seinen Vater.

Karl findet den aus dem Schloss verbannten Vater und schwört Rache an Franz

Er befreit den Greis, ohne sich erkennen zu geben, erfährt von den heimtückischen Taten seines Bruders und schickt Schweizer mit einigen anderen Räubern zum Schloss, um Franz lebend zu ergreifen und Rache zu nehmen.

Stichwörter/wichtige Textstellen:
Ähnlichkeit zu Franz, Zweifel an Leben nach dem Tod:

> „(...) **Aus** wie ein schales Marionettenspiel (...).Glaubt ihr, ich werde zittern? Geister meiner Erwürgten! ich werde nicht zittern! (*Heftig zitternd.*) – Euer banges Sterbegewinsel – euer schwarz gewürgtes Gesicht – eure fürchterlich klaffenden Wunden sind ja nur Glieder einer unzerbrechlichen Kette des Schicksals (...) (*Er setzt die Pistole an.*) **Zeit** und **Ewigkeit** – gekettet aneinander durch ein einzig Moment! – Grauser Schlüssel, der das Gefängnis des Lebens hinter mir schließt, und vor mir aufriegelt die Behausung der ewigen Nacht – sage mir – o sage mir – **wohin** – **wohin** wirst du mich führen? – Fremdes, nie umsegeltes Land! – Siehe, die Menschheit erschlapft unter **diesem** Bilde, die Spannkraft des Endlichen lässt nach, und die Phantasei, der mutwillige Affe der Sinne, gaukelt unserer Leichtgläubigkeit seltsame Schatten vor – Nein! Nein! Ein

3.2 Inhaltsangabe

Mann muss nicht straucheln – Sei, wie du willst, **namenloses Jenseits** – bleibt mir nur dieses mein **Selbst** getreu (...) **Ich** bin mein Himmel und meine Hölle." (IV, 5, HL S. 95 f., Z. 35 ff./R S. 118 f., Z. 30 ff.)

Akt V

Im Schloss ahnt Franz das Verderben. Er sieht keinen Ausweg und entgeht der Rache des Bruders durch Selbstmord. Der alte Moor und Amalia erkennen Karl wieder, doch dieser sieht nur eine Konsequenz für sein Räuberleben: Für eine Rückkehr fühlt er sich nicht würdig. In einem Akt der Verzweiflung tötet er Amalia, die dies wünscht, sollte er sie als Ehefrau abweisen. Er liefert sich zuletzt selbst der Justiz aus.

Szene 1

In finsterer Nacht erscheint Daniel mit einer Laterne und einem Reisebündel. Da er der Forderung Franzens, Karl zu töten, nicht nachgekommen ist, muss er sich nun von seiner gewohnten Umgebung trennen.

Wahnvorstellungen Franzens

Franz stürzt im Schlafrock herein. Im Traum vom Jüngsten Gericht als Vater- und Brudermörder verdammt, ist er nun zutiefst verstört. Franz ist besessen von der Vorstellung, die Toten wachten auf und nähmen Rache an ihm. Ihm scheint es, als ob sich alles gegen ihn verschworen habe, sogar seine kühlen, materialistischen Argumente nützen ihm nichts mehr. Franz, der sich absolut setzen wollte, muss erkennen, dass auch für ihn die göttliche, gerechte Ordnung gilt, beschimpft er sie auch immer noch als „Pöbelweisheit".

In seiner Verzweiflung lässt Franz den Pastor Moser kommen, um sich durch ein Gespräch der Richtigkeit seiner alten Auffassung zu versichern.

3.2 Inhaltsangabe

Durch die Glaubensgewissheit des Pastors, der unter anderen geistlichen Ermahnungen Bruder- und Vatermord als die größten Todsünden nennt, muss sich Franz trotz leerer Spötteleien geschlagen geben.

Während der areligiöse Franz verzweifelt versucht, in einem „gottlosen" Gebet Gott um Hilfe zu rufen, stürmen Schweizer und seine Kumpanen das Schloss und setzen es in Brand. Franz erkennt, dass er nicht beten kann, weshalb er Daniel auffordert, ihn mit einem Degen zu töten. Als sich Daniel weigert und entrinnt, reißt Franz sich im Wahn seine goldene Hutschnur ab und erdrosselt sich.

Die Räuber stürmen das Schloss und setzen es in Brand

Schweizer stürmt herein, um Franz zu seinem Hauptmann zu bringen. Doch als er erkennt, dass der Tyrann bereits tot ist und er seinen Auftrag nicht ausführen kann, erschießt er sich.

Franz begeht Selbstmord

Stichwörter/wichtige Textstellen:
Franz scheitert an dem Pfarrer:

> „Itzt will ich's wissen, itzt, diesen Augenblick, damit ich nicht die schändliche Torheit begehe, und im Drange der Not den Götzen des Pöbels anrufe, ich hab's dir oft mit Hohnlachen beim Burgunder zugesoffen: Es ist kein Gott! – Itzt red ich im Ernste mit dir, ich sage dir: es ist keiner! Du sollst mich mit allen Waffen widerlegen, die du in deiner Gewalt hast, aber ich blase sie weg mit dem Hauch meines Mundes." (V, 1, HL S. 107, Z. 19 ff./R S. 132, Z. 25 ff.) – „Kann das Pfaffengewäsche so einen Philosophen in Harnisch jagen? Blast es doch weg mit dem Hauch Eures Mundes!" (V, 1, HL S. 110, Z. 31 ff./R S. 136, Z. 33 f.)

3.2 Inhaltsangabe

Szene 2

Immer noch um die Schlossruine in dem nahe gelegenen Wald herumgelagert, erwartet Karl die Gefangennahme seines Bruders. Der alte Moor hat Karl noch immer nicht erkannt und bittet um Verzeihung für Franz und für sich selbst, da er immer noch voll Schuldgefühlen gegenüber Karl ist. Karl erfährt nun, wie sehr ihn sein Vater stets geliebt hat. Er erhält den väterlichen Segen und legt seine Rachegedanken ab, als er kurz darauf von Franzens und Schweizers Tod erfährt.

Karl schockiert den Vater zu Tode.

Karl wähnt sich glücklich, er glaubt, alles sei überstanden und er sei zurück in den väterlichen Armen, als Amalia von den Räubern vorgeführt wird. Sofort erkennt sie in dem Hauptmann ihren Karl und überschüttet ihn mit Liebesbekundungen. Karl ist entsetzt und deckt dem Vater seine doppelte Identität auf, er sei sowohl sein Sohn und Retter als auch Räuberhauptmann und Mörder. Von dieser Erkenntnis geschockt, stirbt der alte Moor, Amalia will jedoch bei Karl bleiben.

Karl tötet Amalia

Die glückliche Vereinigung des Liebespaars ist jedoch nur für Sekunden von Dauer, da die Räuber sich auf den geleisteten Treueid berufen und Karl bei den getöteten Räubern auffordern, Amalia für die Bande zu opfern.

In tiefer Verzweiflung tötet Karl Amalia. Durch diese Tat ist Karl von den Banden zu den Räubern befreit. Er erkennt sich selbst als Narren, der die Welt durch Grausamkeiten verschönern und die Gesetze durch Gesetzlosigkeit aufrechterhalten wollte.

Karl liefert sich der Justiz aus

Er beschließt, sich zu stellen, und will die Belohnung, die auf seinen Kopf ausgesetzt ist, einem armen Tagelöhner mit elf Kindern zukommen lassen.

3.2 Inhaltsangabe

Stichwörter/wichtige Textstellen:
Karls finale Erkenntnis: „(...) da steh ich am Rand eines entsetzlichen Lebens, und erfahre nun mit Zähnklappern und Heulen, dass **zwei Menschen wie ich den ganzen Bau der sittlichen Welt zugrund richten würden.**" (V, 2, HL S. 120, Z. 3 ff./R S. 148, Z. 13 ff.)

3.3 Aufbau

3.3 Aufbau

ZUAMMENFASSUNG

Das Drama ist nach dem klassischen Fünf-Akt-Schema aufgebaut (Exposition bis Katastrophe), weist jedoch zusätzlich eine zweisträngig-antithetische Handlungskonstruktion sowie Elemente der offenen Dramenform auf. Dem Thema der feindlichen Brüder entsprechend verlaufen Franz-Moor-Handlung und Karl-Moor-Handlung parallel an ihren kontrastiv zugeordneten Schauplätzen, gleichzeitig stehen sie jedoch in antithetischem Bezug zueinander (Karl-Moor-Handlung ist Reaktion auf Franz-Moor-Handlung). Dies spiegelt sich auch in der Konstruktion einzelner Szenen wider. Es ist Franz, der mit der Intrige zu Beginn des Dramas die Handlung initiiert; Karl wiederum erliegt der Intrige postwendend und gründet als Reaktion die Räuberbande; beide Figuren handeln aus Hilflosigkeit. Trotz Annäherung in den Ausmaßen ihrer Taten bleibt die Handlung zweisträngig-antithetisch, da es bis zuletzt zu keiner Konfrontation der beiden Protagonisten kommt.

Kompositionsstruktur

Schillers Drama *Die Räuber* weist zunächst das klassische **Fünf-Akt-Schema** auf, bei dem nach der Exposition (Akt I) die Entfaltung des dramatischen Konflikts in einen aufsteigenden und einen fallenden Handlungsteil gegliedert ist. Die Handlungssteigerung baut sich über mehrere Stufen (Akt II, III) bis zum Höhepunkt, der Krisis (Akt III), auf. Die Krisis bildet den Wendepunkt der Handlung, die nun wieder über mehrere Stufen (Akt IV) bis zur Lösung des Konflikts in der Katastrophe (Akt V) fällt.

3.3 Aufbau

Der expositorische erste Akt sowie der zweite gliedern sich in drei Szenen, der dritte Akt in zwei, der vierte in fünf und der fünfte Akt wiederum in zwei Szenen.

Fünf-Akt-Bau mit zweisträngig-antithetischer Handlungskonstruktion

Die **Handlungskonstruktion der *Räuber* ist komplex.** Dem Thema der feindlichen Brüder entsprechend, weist das Drama **zwei Handlungsstränge** auf, die den beiden Brüdern zugeordnet sind (Franz-Moor-Handlung, Karl-Moor-Handlung). Diese beiden Handlungsstränge verlaufen **parallel** und stehen gleichzeitig in **antithetischem Bezug** zueinander.

Beiden Handlungssträngen sind bestimmte, **kontrastive Orte** zugeordnet, der Franz-Moor-Handlung die Innenräume im Moorschen Schloss, der Karl-Moor-Handlung die Außenräume, insbesondere die böhmischen Wälder.

Die parallele Anordnung und der antithetische Bau der beiden Handlungen wird bei genauerer Betrachtung der Szenen **I, 1 und I, 2** deutlich, welche jeweils die Funktion der **Exposition** erfüllen, sowie der Szenen **III, 1 und III, 2**, dem jeweiligen **Höhe- und Wendepunkt,** und der Szenen **V, 1 und V, 2**, dem jeweiligen und gemeinsamen **Abschluss der Handlungen**.

Die **Franz-Moor-Handlung** setzt in I, 1 mit der **Intrige Franzens** im Schloss ein, der seinen Vater dazu bringt, den verhassten Bruder Karl, der zugleich Erbfolger und Nebenbuhler ist, zu verstoßen. Die Karl-Moor-Handlung beginnt als Reaktion auf die Handlung Franzens in einer Schenke, in der er sich mit seinen Kameraden aufhält. **Karl erliegt der Intrige**, verdammt den Vater und wendet sich als Räuberhauptmann gegen die Gesellschaft.

Karl-Moor-Handlung ist Reaktion auf Franz-Moor-Handlung (Antithetik)

Die dritte Szene der Exposition führt **Amalia** ein, die Figur, welche beide Handlungsstränge miteinander verknüpft. Amalia vernichtet sowohl Franzens als auch Karls Pläne, indem sie den einen abweist (III, 1) und den anderen zurück in das Schloss zieht (IV, 1).

3.3 Aufbau

Amalia hat verknüpfende Funktion

Die **Parallelität von I, 1 und I, 2** ist offensichtlich. Beide Brüder fassen ihren jeweiligen Entschluss am Ende der Szene und beide lassen sich zunächst in langen, aufgeheizten Reden über das ihnen widerfahrene Unrecht aus, womit sie bereits im Vorfeld ihr Handeln rechtfertigen. Die **Antithetik der zwei Szenen** ist ebenso deutlich. Die Karl-Moor-Handlung ist eine Reaktion auf die Franzens und steht dieser somit gegenüber. Karl begeht seine Verbrechen nicht aus politischer Überzeugung, sondern, wie Franz, aus Hilflosigkeit – beiden werden ihre Wünsche nicht erfüllt.

Jede Handlung Franzens hat auch Bedeutung für Karl, da sich dieser niemals ganz von seiner familiären Bande lösen und den Räubern widmen kann. Ein Beispiel hierfür sei Amalias Zurückweisung Franzens und ihre hartnäckige Treue gegenüber Karl, die der Grund für den Versuch der Rückkehr Karls in sein altes Leben ist.

In den Szenen **III, 1 und III, 2, dem Höhe- und Wendepunkt beider Handlungsstränge**, weist bereits die Figurenkonstellation **Parallelen** auf. In III, 1 demonstriert Franz vor Amalia seine mittlerweile errungene Macht (Höhepunkt der Franz-Moor-Handlung). Amalia jagt Franz jedoch spottend davon und leitet dadurch sein **Scheitern** ein. Der Auftritt Hermanns erzeugt nach dem vorigen Dialog mit Franz erneut Spannung und leitet den Endkonflikt ein, denn Hermann deckt die Intrige des Tyrannen auf und berichtet Amalia, dass die beiden anderen Moors noch leben. **Parallel zu III, 1** ist auch der Handlungsgang und die Zweiteilung der zweiten Szene (III, 2). Zunächst findet ein Dialog zwischen den Räubern und Karl statt. Karl hat eindeutig erkannt, dass der Anschluss an die Räuberbande ein Fehler gewesen ist und nicht seinen Wünschen entspricht. Er sieht jedoch keinen Ausweg und schwört aus Verzweiflung ewige Treue, was den **Höhepunkt seiner Räuberkarriere** darstellt. Unmittelbar nach dem Treueschwur erscheint jedoch Kosinsky und löst, wie zuvor Hermann in der Franz-Moor-

3.3 Aufbau

Handlung, **Karls Scheitern als Räuberhauptmann** aus. Durch die vermeintliche Ähnlichkeit zwischen Kosinskys Schicksal und dem eigenen angeregt, will Karl versuchen, sein altes Leben, insbesondere Amalia, zurückzugewinnen. Karls Scheitern wird deutlich, er hat parallel zu Franz lediglich aus der persönlichen Benachteiligung heraus gehandelt und nicht, wie Kosinsky, aus ihm tatsächlich widerfahrenen, gesellschaftlichen Unrecht.

Die Szenen **V, 1 und V, 2 zeigen schließlich ebenfalls parallel das Ende beider Handlungsstränge**. Mit dem endgültigen Scheitern der Intrige in V, 1 endet die Franz-Moor-Handlung, Franz ist moralisch verurteilt und begeht Selbstmord.

Parallel zu Franz haben sich auch Karls Mittel zur Rache an der Gesellschaft verselbstständigt und schließlich, in V, 2, gegen ihn selbst gerichtet. Karl ist für den Tod des Vaters verantwortlich, er tötet Amalia, sagt sich von den Räubern los und will sich der Justiz stellen. Der antithetische Bau beider Szenen wird hier anhand der Räuber deutlich. Die Räuber erscheinen am Ende der Szene V, 1, und durch den Selbstmord Schweizers, der seinen Schwur nicht erfüllen konnte, wird erneut die Wichtigkeit der Räuberehre und des Gemeinschaftspaktes thematisiert. Dies weist bereits darauf hin, dass Karl aufgrund seines Schwurs das alte Leben nicht wieder aufnehmen kann, wenn auch der Urheber seines Übels nicht mehr existiert. Es ist eindeutig, dass die Franz-Moor-Handlung konstant auf die **Handlung Karls einwirkt**, denn Karl, der gesellschaftliches Unrecht begangen hat und dafür bestraft werden muss, reagiert auf den Selbstmord Franzens mit der Selbstauslieferung an die Justiz. Als wichtiges Indiz für die zweisträngig-antithetische Handlungsstruktur bleibt festzuhalten, dass es zu keiner Konfrontation zwischen dem Protagonisten der Moorischen Intrige und dem Protagonisten der Räuberbande kommt.

Keine Konfrontation der Hauptfiguren

| 1 SCHNELLÜBERSICHT | 2 FRIEDRICH SCHILLER: LEBEN UND WERK | **3 TEXTANALYSE UND -INTERPRETATION** |

3.3 Aufbau

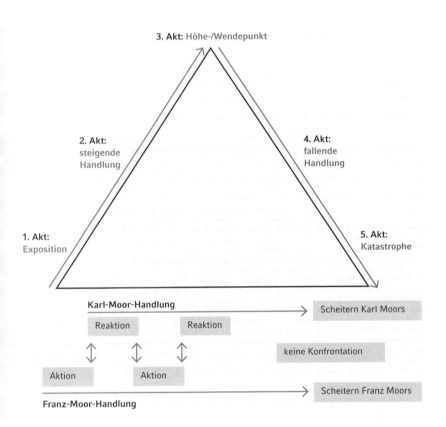

3.3 Aufbau

Strukturprinzipien

FUNKTIONEN DER EXPOSITION IN I, 1 UND I, 2	**Einführung** und Auftreten der Hauptfiguren
	Konfliktentfaltung durch Intrige in I, 1 und Aufnahme der Intrige in I, 2
	Selbst- und Fremdcharakterisierung der Figuren durch Äußerungen der Figuren über sich und andere sowie Handlungsweisen
	Handlungsvoraussetzungen vor der Bühnenhandlung:
	– Rivalität der Brüder
	   um die Liebe des Vaters
	   um die Liebe Amalias
	   um die Herrschaft
	– Bevorzugung Karls durch „Natur" (Aussehen/Anlagen) und „gesellschaftliche Verhältnisse" (Erstgeborener) sowie privat (Vater/Amalia)
	– Abwesenheit Karls

PARALLELITÄT	Die beiden Handlungsstränge laufen **parallel**, beeinflussen sich gegenseitig, ohne dass sich die Haupthandlungsträger begegnen. I, 1 und I, 2: Entfaltung der **Intrige** und „Annahme" der Intrige – Wie der alte Moor Karl verstößt, so verstößt Karl den Vater. – Wie Franz behauptet, Karl sei ein Verbrecher, so wird Karl zum Verbrecher. – Wie der alte Moor Franz zurückweist, ihn dann aber an die Stelle von Karl setzt, so setzen die Räuber Karl an die eigentliche Stelle Spiegelbergs. III, 1 und III, 2 : **Höhe und Umkehrpunkt** in beiden Handlungssträngen – Franz scheitert bezüglich Amalia, Hermann deckt die Intrige auf. – Karl wendet sich innerlich von den Räubern ab, durch das Auftreten Kosinskys wird die innere Abkehr trotz des Schwurs zur Umkehr (nach Hause). V, 1 und V, 2: – Scheitern aller Intrigen Franzens – Scheitern aller gesellschaftlichen und privaten Ziele Karls

3.3 Aufbau

ANTITHETIK	Kontrastbildung durch **Orte**: – Franz-Moor-Handlung in und um das Schloss – Karl-Moor-Handlung überwiegend in Außenräumen und „gesellschaftlichen" Räumen (Schenke) Kontrastbildung durch **Konfiguration**: – Franz zumeist mit wenigen Figuren auf der Bühne – Karl inmitten der Räuber Kontrastbildung durch **Handlung**: – Die Handlung des einen (Franzens) zieht die des anderen nach sich (Aktion – Reaktion) – Die Figuren beziehen sich aufeinander, ohne dass es zu einer Konfrontation kommt. Letztlich nähern sich Karl und Franz an: – Auch Karl ist ein Meister der Intrige. – Beide sind große Verbrecher. – Beide manipulieren. – Beide instrumentalisieren andere Menschen. – Franz tritt still ab. – Karl tritt mit pathetischer Geste ab. – Am Ende rottet Karl die Familie aus, ihm gelingt, woran Franz scheitert.

Elemente der offenen und geschlossenen Dramenform

Sowohl Elemente der geschlossenen als auch der offenen Dramenform

Die Einflüsse der verschiedenen geistigen Strömungen der zweiten Hälfte des 18. Jahrhunderts zeigen sich u. a. auch in der Dramenform der *Räuber*. So weist Schillers Drama neben den für die Aufklärung typischen zentralen Elementen des geschlossenen Dramas, i. e. dem Fünf-Akt-Schema, auch Elemente der offenen Form auf, was die für den Sturm und Drang übliche Ablehnung traditioneller, normativer Gattungsmuster widerspiegelt. Bestimmte Merkmale der geschlossenen Form ‚verschieben' sich mit solchen der offenen, sie sind entweder deutlich getrennt, miteinander verknüpft oder vertauscht vorhanden. Diese vorliegende ‚**Akzentverschiebung' in Kompositionsstruktur, Handlung und Dialog** lässt sich an vielen Beispielen verdeutlichen. So sind zunächst der

3.3 Aufbau

ständige **Schauplatzwechsel** und die **zeitliche Dimension** des Dramas (zwei Jahre) typische Merkmale einer offenen Form, da hier **keine Einheit von Ort und Zeit** vorliegt. Die zwei parallel und antithetisch angesiedelten Handlungsstränge sind ungewöhnlich für das geschlossene Drama, beide Stränge sind aber keine ‚skizzenhaften Geschehensausschnitte' wie bei einer offenen Form, sondern gleichwertig. **Sowohl jede für sich als auch die aus beiden Handlungen resultierende Gesamthandlung tragen geschlossene und offene Merkmale**.

Betrachtet man sie zunächst separat, so wird deutlich, dass der **Franz-Moor-Handlung** der Innenraum der Schauplätze zugeordnet ist und hier bis auf den ‚Zimmerwechsel' kontinuierlich sowohl Ortsgleichheit vorliegt als auch mit Franz und den im Schloss Lebenden eine einheitliche Figurenkonfiguration.

Konträr zur auslösenden Handlung ist der **Karl-Moor-Handlung**, ebenfalls einheitlich, der Außenraum zugeordnet sowie die Räuber als Dialogpartner. Beide Handlungsstränge verlaufen im Einklang mit dem Fünf-Akt-Schema, es liegt also keine Zersplitterung durch selbstständige Einzelszenen vor. Die Wiederholung ähnlicher Szenen (u. a. verspotten beide Brüder einen „Pfaffen") sind Mittel des antithetischen Baus, der die beiden Stränge miteinander verknüpft.

Betrachtet man nun die **Gesamthandlung**, so ist man mit regelmäßigem Raum-, Figuren- und auch Themenwechsel konfrontiert, denn beide Hauptfiguren handeln aus ihrer persönlichen Hilflosigkeit heraus. Franz wird durch seine unglückliche Lage als Zweitgeborener und Benachteiligter motiviert und Karl durch seine charakteristische Selbstüberschätzung und seinen gekränkten Stolz, der ihn ‚hilflos' auf die Intrige hereinfallen lässt. Beide leiden vordergründig an unterschiedlichen Problemen, wenn auch Karls durch die Franzens hervorgebracht werden. Auch die traditionelle zweipolige Personengruppierung von Protagonist und Antagonist

Offene Elemente in der Gesamthandlung

3.3 Aufbau

ist lediglich vordergründig, denn die Räuber, Karls Rebellionsgenossen, die dem Drama seinen Titel geben, nehmen im Dramenverlauf eine bedeutende Stellung neben den Figuren Franz und Karl ein. Einer offenen Dramenform entsprechend erweist sich bei einer Analyse der Konzeption die **gesellschaftliche Umwelt als Gegenspieler beider Hauptfiguren**. Beide Figuren leiden vordergründig an ihrem **Vater** (Erbfolge, vermeintlicher Fluch), doch dieser **repräsentiert** gleichzeitig **das feudale Gesellschaftssystem**, dem beide ohnmächtig und hilflos gegenüberstehen. Beide Figuren versuchen mit Gewalt das System zu zerstören. In diesem Zusammenhang ist es nicht verwunderlich, dass keine Konfrontation der Hauptfiguren erfolgt, was Merkmal eines geschlossenen Dramas wäre. Bei den *Räubern* findet vielmehr eine **zunehmende Identifizierung des scheinbar Guten mit dem scheinbar nur Bösen** statt, wenn Karl zuletzt betont, dass „zwei Menschen wie ich den ganzen Bau der sittlichen Welt zugrund richten würden." (V, 2, HL S. 120, Z. 4 ff./R S. 148, Z. 15 f.)

Ein weiteres offenes Element ist der **Einfluss des Unbewussten auf den Handelnden**. Franz beispielsweise plant seine Intrige kühl und berechnend, doch es ist sein unbewusster Drang nach Liebe, der ihn zum Scheitern verurteilt, wenn er beispielsweise Amalias Trick in III, 1 erliegt. Franz leidet schließlich auch in seiner Machtposition an Wahnvorstellungen und Alpträumen, die ihn in den Selbstmord treiben. Auch Karl scheitert an seinen wechselnden, zumeist unbewussten Gefühlen, wenn er sein Rachebedürfnis an der Familie auf die Gesellschaft überträgt. Beide Figuren erleben zwar **Gefühlsausbrüche**, diese werden jedoch **auf traditionelle Weise durch Bilder und Metaphern zum Ausdruck gebracht**, die einer bestimmten Weltanschauung entstammen und nicht einer spontanen, sinnlichen Wahrnehmung, wie es bei der offenen Form der Fall wäre.

3.3 Aufbau

Die **Vielschichtigkeit** und der **offene Charakter** der *Räuber* wird auch an den **eingefügten lyrischen und epischen Elementen** deutlich, die als **undramatische Elemente** immer wieder die Handlung unterbrechen. Lyrische Teile finden sich bei Karl und Amalia, zunächst die Verweise auf die *Ilias* (Hektor und Andromache, II, 2 und IV, 4) und auf die römische Geschichte (Brutus und Cäsar, IV, 5), sodann das emotionale Lied Amalias (III, 1) und das Räuberlied (IV, 5). Für den Dramenaufbau erfüllen diese lyrischen Einheiten zwei wichtige Funktionen, sie wirken insgesamt **retardierend** und dienen der **Reflexion** auf das Handlungsgeschehen, können somit die **Wirkung des Dramas auf den Zuschauer verstärken**. **Epische Partien** sind unter anderem Spiegelbergs Bericht vom Überfall auf das Kloster (II, 1), die Geschichte Kosinskys (III, 2) sowie der Rapport des Vaters (IV, 5). Auch diese verzögern den Handlungsverlauf.

Die beschriebene Akzentverschiebung der geschlossenen und offenen Elemente soll deutlich machen, dass es **verschiedene Ansatzpunkte** gibt, um Schillers *Die Räuber* einem Grundtyp der dramatischen Form zuzuordnen. Es bleibt bei einem solchen Versuch jedoch stets zu berücksichtigen, dass Formen, wie auch die zeitlichen Epochen, ineinander übergehen und nicht eindeutig voneinander abzugrenzen sind.

> Verschiedene Ansatzpunkte für eine formale Zuordnung der *Räuber*

3.4 Personenkonstellation und Charakteristiken

Personen und Schauplätze

	AKT I	AKT II	AKT III	AKT IV	AKT V
1	**Schloss** Franz Der alte Moor	**Schloss** Franz Hermann	**Schloss (Garten)** Amalia Franz Hermann	**Land ums Schloss** Räuber Karl Kosinsky	**Schloss** Daniel Franz Pater Moser
2	**Schenke an den Grenzen von Sachsen** Karl Spiegelberg (u. a.)	**Schloss** Der alte Moor Amalia Daniel Franz	**Gegend an der Donau** Räuber Karl Kosinsky	**Schloss (Galerie)** Karl Amalia Daniel Franz	**Wald** Der alte Moor Karl Räuber Amalia
3	**Schloss** Franz Amalia	**Die böhmischen Wälder** Razmann Spiegelberg Räuber Karl		**Schloss** Karl Daniel Kosinsky	
4				**Schloss (Garten)** Amalia Karl	
5				**Wald** Räuber	

Franz von Moor

Franz als materialistischer, intellektueller Bösewicht

Wie in der Vorrede angekündigt, gehört Franz zu den **Bösewichten**, durch die der Dichter „das Laster in seiner nackten Abscheulichkeit enthüllen und in seiner kolossalischen Größe vor das Auge der Menschheit stellen" (HL S. 2, Z. 28 ff./R S. 3, Z. 31 ff.) will:

3.4 Personenkonstellation und Charakteristiken

„Das Laster wird hier mitsamt seinem ganzen innern Räderwerk entfaltet. Es löst in Franzen all die verworrenen Schauer des Gewissens in ohnmächtige Abstraktionen auf, skelettiert die richtende Empfindung und scherzt die ernsthafte Stimme der Religion hinweg. Wer es einmal so weit gebracht hat, (...) seinen Verstand auf Unkosten seines Herzens zu verfeinern, dem ist das Heiligste nicht heilig mehr – dem ist die Menschheit, die Gottheit nichts – Beide Welten sind nichts in seinen Augen. Ich habe versucht, von einem Missmenschen dieser Art ein treffendes lebendiges Konterfei hinzuwerfen, die vollständige Mechanik seines Lastersystems auseinander zu gliedern – und ihre Kraft an der Wahrheit zu prüfen." (HL S. 2 f., Z. 34 ff./R S. 4, Z. 1 ff.)

In der Figur Franzens geht es Schiller also hauptsächlich darum, die „Mechanik seines Lastersystems" darzustellen. Dementsprechend entwirft er die Figur in ihrer gesamtem **Lebensphilosophie** und leitet die Aufmerksamkeit des Zuschauers, wie bei Christian Wolf, dem Protagonisten der Erzählung *Der Verbrecher aus verlorener Ehre*, auf die Motive seines Handelns. Die **Hauptmotive für Franzens Intrige** sind im Verlaufe der ersten expositorischen Szene zügig bestimmt, er ist der **Zweitgeborene**, hat somit kein Anrecht auf das Moorische Erbe, er wird **vom Vater benachteiligt**, er ist **hässlich** und muss auch hinsichtlich der geliebten Amalia seinem Bruder den Vortritt lassen.

Aus diesen Begebenheiten folgt einerseits, dass Franz sich **ungerecht behandelt** fühlt und unter **Minderwertigkeitskomplexen** leidet. Andererseits sind es gerade diese Umstände mangelnder Liebe von Natur, Familie und Frau, die Franz seinen **Intellekt** und Verstand schulen lassen. Bereits in der ersten Szene zeigt er sich als **Meister der Rhetorik und psychologischen Kriegführung**, er beherrscht alle erdenklichen kühnen Tricks, Heuchelei und Schauspielkunst, um, seinem Plan gemäß, den Vater von Karl loszureißen:

3.4 Personenkonstellation und Charakteristiken

„Ist es nicht diese Liebe zu ihm, die Euch all den Gram macht? Ohne diese Liebe ist er für Euch nicht da. Ohne diese strafbare, diese verdammliche Liebe ist er Euch gestorben – ist er Euch nie geboren. Nicht Fleisch und Blut, das Herz macht uns zu Vätern und Söhnen. Liebt Ihr ihn nicht mehr, so ist diese Abart auch Euer Sohn nicht mehr, und wär er aus Eurem Fleische geschnitten. Er ist Euer Augapfel gewesen bisher, nun aber, ärgert dich dein Auge, sagt die Schrift, so reiß es aus. Es ist besser, einäugig gen Himmel, als mit zwei Augen in die Hölle." (I, 1, HL S. 11, Z. 10 ff./R S. 16, Z. 7 ff.)

„Er war aus deinen Armen gerissen, ehe du wusstest, dass du es wollen könntest – da müsst ich ein erbärmlicher Stümper sein, wenn ich's nicht einmal so weit gebracht hätte, einen Sohn vom Herzen des Vaters loszulösen." (I, 1, HL S. 13, Z. 14 ff./R S. 18, Z. 26 ff.)

Franz argumentiert in seinen **Überredungsmanövern** mit der Bibel und ihren normativen Inhalten, er **beherrscht perfekt die Regeln und Gesetze der Sittlich- und Geistlichkeit**, doch ist selbst nicht religiös, sondern **rein materialistisch**. Er kann sein jahrelang angeeignetes **Wissen nun als Waffe einsetzen**, um sich selbst von gegebenen Rechtsgrundsätzen, von religiösen und familiären Ordnungen loszusagen und seinem eigenen Lebensentwurf nach zu leben. Dem **darwinistischen Prinzip** entsprechend **rechtfertigt Franz seine intriganten Pläne mit der Macht und Kraft des Stärkeren**, verachtet seine Mitmenschen und sieht Rechts- und Moralvorstellungen, gesellschaftliche Normen und selbst das Gewissen als Herrschaftsmittel an:

3.4 Personenkonstellation und Charakteristiken

„Ich habe große Rechte, über die Natur ungehalten zu sein, und bei meiner Ehre! ich will sie geltend machen. – Warum bin ich nicht der Erste aus Mutterleib gekrochen? Warum nicht der Einzige? Warum musste sie mir diese Bürde von Hässlichkeit aufladen? Gerade mir? Nicht anders, als ob sie bei meiner Geburt einen Rest gesetzt hätte. Warum gerade mir die Lappländersnase? Gerade mir dieses Mohrenmaul? Diese Hottentottenaugen? Wirklich, ich glaube, sie hat von allen Menschensorten das Scheußliche auf einen Haufen geworfen und mich daraus gebacken. (...)
Nein! nein! Ich tu ihr Unrecht. Gab sie uns doch Erfindungsgeist mit, setzte uns nackt und armselig ans Ufer dieses großen Ozeans **Welt** – Schwimme, wer schwimmen kann, und wer zu plump ist, geh' unter! Sie gab mir nichts mit; wozu ich mich machen will, das ist nun meine Sache. Jeder hat gleiches Recht zum Größten und Kleinsten, Anspruch wird an Anspruch, Trieb an Trieb und Kraft an Kraft zernichtet. Das Recht wohnet beim Überwältiger, und die Schranken unserer Kraft sind unsere Gesetze. (...) Gewissen, – o ja freilich! ein tüchtiger Lumpenmann, Sperlinge von Kirschbäumen wegzuschröcken! (...) In der Tat, sehr lobenswürdige Anstalten, die Narren im Respekt und den Pöbel unter dem Pantoffel zu halten, damit die Gescheiten es desto bequemer haben. (...) Wer nichts fürchtet, ist nicht weniger mächtig als der, den alles fürchtet." (I, 1, HL S. 13 f., Z. 27 ff./R S. 19 f., Z. 3 ff.)

Franz handelt, wie sein Bruder Karl, aus Hilflosigkeit heraus, so formuliert er selbst: „Herr muss ich sein, dass ich das mit Gewalt ertrotze, wozu mir die Liebenswürdigkeit gebricht." (I, 1, HL S. 15, Z. 25 ff./R S. 21, Z. 21 ff.) Deutlich wird dieses eigentlich bemitleidenswerte Verhalten auch in seinen Dialogen mit Amalia, denn

Franz handelt aus Hilflosigkeit heraus

3.4 Personenkonstellation und Charakteristiken

durch ihre Treue gegenüber Karl sieht er sich mit wahrer, standhafter Liebe konfrontiert, die er selbst nicht erlebt hat. Bis zuletzt verweigert sich Amalia seinen Umwerbungen, sogar nachdem er sein Ziel erreicht hat und „Herr" ist (III, 1).

Franz als absolutistischer Gewaltherrscher

Entsprechend seiner materialistischen Prinzipien zeigt sich Franz auch als Herr, als ein **Tyrann, der seine absolute Gewalt nicht mehr durch Gott legitimiert, sondern durch bindungslose Individualherrschaft:**

> „Itzt bin ich **Herr**. (...) Nun sollt ihr den nackten Franz sehen, und euch entsetzen! (...) Meine Augbraunen sollen über euch herhangen wie Gewitterwolken, mein herrischer Name schweben wie ein drohender Komet über diesen Gebirgen, meine Stirne soll euer Wetterglas sein! (...) Ich will euch die zackigte Sporen ins Fleisch hauen, und die scharfe Geißel versuchen. – (...) Blässe der Armut und sklavischen Furcht sind meine Leibfarbe (...)" (II, 2, HL S. 45, Z. 17 ff./R S. 58, Z. 9 ff.).

Über **Franzens Schreckensherrschaft** wird der Zuschauer auch durch andere Figuren, die mit im Schloss leben, aufgeklärt, so beispielsweise durch den alten Diener Daniel, der, nachdem Franz ihn mit dem Mord an Karl beauftragt hat, die Flucht ergreifen will (V, 1).

Franz wird Opfer seines Unterbewusstseins

Nachdem Karl jedoch die Pläne des Bruders unwissentlich durchkreuzt, ins Schloss zurückkehrt und dort über die Intrige aufgeklärt wird, versagen Franzens intellektuelle, kontrollierte Gedankengänge, sein Unterbewusstsein holt ihn ein. Er wird **von Träumen und Wahnvorstellungen gequält**, Angst vor einer Strafe für seine Todsünden besiegt seinen Verstand, und er lässt sogar den Geistlichen Moser rufen, um sich seiner Lage zu vergewissern. Franz wehrt sich zwar noch einmal gegen den Verweis Daniels auf

3.4 Personenkonstellation und Charakteristiken

eine göttliche Ordnung, bezeichnet sie als „Pöbelweisheit, Pöbelfurcht" (V, 1, HL S. 106, Z. 35/R S. 131, Z. 31), doch seine alte Souveränität zerbricht an der einfachen Denkweise des Pfarrers, und ein letztes Gnadengebet scheitert an seiner **Areligiösität**. Franzens letzte autonome Handlung ist sein Selbstmord.

Karl von Moor

Als der **Erstgeborene** des Grafen Maximilian von Moor hat Karl von Moor das alleinige Anrecht auf das Vermögen seines Vaters nach dessen Tod. Karl ist jedoch nicht nur in dieser Hinsicht **Franz gegenüber begünstigt**, auch als der **Lieblingssohn** des Vaters und **der Geliebte Amalias** erweist er sich als brüderlicher Rivale.

Karl ist brüderlicher Rivale Franzens

Bevor Karl selbst erscheint, charakterisiert ihn sein Bruder Franz als ihm entgegenstehende **Kontrastperson** in seinen wichtigsten Merkmalen. Wirkt dieses Bild auch auf Grund der Intrige Franzens zunächst verfälscht, so bestätigen sich im Verlaufe des Dramas jedoch gewisse Züge Karls, wie die der **ablehnenden Haltung gegenüber gesellschaftlichen und geistigen Institutionen** und dem **Drang zur individuellen Freiheit** gegenüber einschränkenden Konventionen:

Rebell gegen derzeitige Ordnungen

„Ahndete mir's nicht, da er, noch ein Knabe, den Mädels so nachschlenderte, mit Gassenjungen und elendem Gesindel auf Wiesen und Bergen sich herumhetzte, den Anblick der Kirche, wie ein Missetäter das Gefängnis, floh, und die Pfennige, die er Euch abquälte, dem ersten dem besten Bettler in den Hut warf, während dass wir daheim mit frommen Gebeten und heiligen Predigtbüchern uns erbauten? – Ahndete mir's nicht, da er die Abenteuer des Julius Cäsar und Alexander Magnus und anderer stockfinsterer Heiden lieber las als die Geschichte des bußfertigen Tobias? (...)" (I, 1, HL S. 9, Z. 4 ff./R S. 13, Z. 18 ff.)

3.4 Personenkonstellation und Charakteristiken

Karls Tugenden

Franz listet in diesem Zusammenhang noch weitere „glänzende Tugenden" auf, die für den Zuschauer ein erstes Bild von seinem Nebenbuhler entwerfen, so beispielsweise der „feurige Geist, (...) der ihn für jeden Reiz von Größe und Schönheit so empfindlich macht", „Offenheit", „Weichheit des Gefühls", „männliche(r) Mut", „kindische(r) Ehrgeiz" und „unüberwindliche(r) Starrsinn" (I, 1, HL S. 9, Z. 23–31/R S. 14, Z. 2–11).

Diese ersten Eindrücke von Karl Moor werden sodann bei seinem ersten Auftritt bestätigt, wenn sich der Zuschauer mit einer **plötzlichen, explosiven Hassrede des „Rebellen" gegen das „schlappe Kastratenjahrhundert"** (I, 2, HL S. 16, Z. 22/R S. 22, Z. 22) konfrontiert sieht. Karl bewundert antike Heroen und **kritisiert** in aufrührerischer Schärfe **das lediglich antiquarische Geschichtsintersse, die Kleinbürgerlichkeit der Gesellschaft** und **die sozialen Feudalverhältnisse**:

> „Pfui über das schlappe Kastratenjahrhundert, zu nichts nütze, als die Taten der Vorzeit wiederzukäuen und die Helden des Altertums mit Kommentationen zu schinden und zu verhunzen mit Trauerspielen. (...) Da verrammeln sie sich die gesunde Natur mit abgeschmackten Konventionen (...). Vergöttern sich um ein Mittagessen und möchten einander vergiften um ein Unterbett, das ihnen beim Aufstreich überboten wird. – Verdammen den Sadduzäer, der nicht fleißig genug in die Kirche kommt, und berechnen ihren Judenzins am Altare – fallen auf die Knie, damit sie ja ihren Schlamp ausbreiten können – wenden kein Aug von dem Pfarrer, damit sie sehen, wie seine Perücke frisiert ist. – Fallen in Ohnmacht, wenn sie eine Gans bluten sehen, und klatschen in die Hände, wenn ihr Nebenbuhler bankerott von der Börse geht. (...)

3.4 Personenkonstellation und Charakteristiken

Ich soll meinen Leib pressen in eine Schnürbrust und meinen Willen schnüren in Gesetze. Das Gesetz hat zum Schneckengang verdorben, was Adlerflug geworden wäre. Das Gesetz hat noch keinen großen Mann gebildet, aber die Freiheit brütet Kolosse und Extremitäten aus. (...)" (I, 2, HL S. 16 f., Z. 22 ff./R S. 22 f., Z. 22 ff.)

Der Kritik Karls an der Kluft zwischen Unterordnung und Selbstverwirklichung, zwischen dem in Normen eingebundenen Individuum und der Freisetzung individueller Kräfte folgt jedoch zunächst kein Handeln. Im Gegenteil, **Karl erscheint als überheblicher Prahler**, da er nämlich während seiner hochmütigen Anklage der Zeit **die Rückkehr in sein privates Glück sucht** und nicht etwa aktiv gegen die Missstände kämpft.

Karls sozialer Kritik folgt kein Handeln

Bereits an dieser Stelle ist zu erkennen, dass es sich bei Karl um einen **komplexen Charakter** handelt. Die hier aufgebaute Antithetik spiegelt sich im Verlaufe des Dramas in Karls, im Gegensatz zu Franzens, **wechselhaften Entwicklung** wider. Deutlich wird dieses unmittelbar nach Eintreffen des intriganten Briefes. Was er kurz zuvor noch schwärmerisch als die „väterlichen Haine" (I, 2, HL S. 20, Z. 34/R S. 27, Z. 33) gepriesen hat, bezeichnet er nun als „Käficht" und die **vermeintliche private Enttäuschung** stellt sich als **Motiv seiner Rebellion** heraus:

Karl handelt wie Franz aus gekränktem Stolz und privater Hilflosigkeit heraus

„Siehe, da fällt's wie der Star von meinen Augen! was für ein Tor ich war, dass ich ins Käficht zurückwollte! Mein Geist dürstet nach Taten, mein Atem nach Freiheit, – **Mörder, Räuber!** – mit diesem Wort war das Gesetz unter meine Füße gerollt – (...) Ich habe keinen Vater mehr, ich habe keine Liebe mehr, und Blut und Tod soll mich vergessen lehren, dass mir jemals etwas teuer war!" (I, 2, HL S. 27, Z. 27 ff./R S. 36, Z. 19 ff.)

3.4 Personenkonstellation und Charakteristiken

Ziele und Mittel Karls widersprechen sich zunehmend

Karl **deutet sein scheinbar persönliches Unrecht in gesellschaftliches Unrecht um** und wird, spontan von den Räubern zum Hauptmann angestiftet, zum **Rächer an der unmenschlichen, feudal-absolutistischen Gesellschaft**. Hat Karl, wie es die Schilderungen der anderen Räuber belegen, in seinem Räuberdasein ursprünglich zwar gute Absichten, so widersprechen sich bald Ziele und Mittel seiner Taten:

> „Höre sie nicht, Rächer im Himmel! – Was kann ich dafür? Was kannst du dafür, wenn deine Pestilenz, deine Teurung, deine Wasserfluten, den Gerechten mit dem Bösewicht auffressen? Wer kann der Flamme befehlen, dass sie nicht auch durch die gesegneten Saaten wüte, wenn sie das Genist der Hornissel zerstören soll? – O pfui über den Kindermord! den Weibermord! – den Krankenmord! Wie beugt mich diese Tat! Sie hat meine schönsten Werke vergiftet (…)" (II, 3, HL S. 56, Z. 28 ff./R S. 72, Z. 2 ff.).

Trotz guter Absichten ist Karl inkonsequent und überheblich

Karl muss erkennen, dass Gewalt die falsche Methode ist, um Gerechtigkeit für unterdrückte Menschen durchzusetzen, da **Gewalt Unschuldige tötet** und **in ihren Auswüchsen** letztlich **nicht mehr kontrollierbar** ist. Erneut kehrt sich Karls Stimmung um, sein Enthusiasmus ist verschwunden, Reue und Resignation treiben ihn zur Umkehr:

> „(…) geh, geh! du bist der Mann nicht, das Rachschwert der obern Tribunale zu regieren (…) hier entsag ich dem frechen Plan, gehe, mich in irgendeine Kluft der Erde zu verkriechen, wo der Tag vor meiner Schande zurücktritt. (*Er will fliehen.*)" (II, 3, HL S. 56, Z. 38 ff./R S. 72, Z. 13 ff.) Trotz dieses Entschlusses wird er dazu gezwungen, den gewählten Weg weiterzugehen, denn just in diesem Moment fordern ihn seine Räuber als Hauptmann, da

3.4 Personenkonstellation und Charakteristiken

sie von Soldaten umzingelt sind. Wenig später stellt sich heraus, dass es Karl selbst war, der seinen Räubern zuvor diese Falle gestellt hat, um ihren Mut und ihre Treue auf die Probe zu stellen (II, 3, HL S. 57, Z. 37 f./R S. 73, Z. 23 f.), ein Beweis dafür, dass **auch Karl auf skrupellose Weise seine Nächsten preisgibt und Menschen für seine Zwecke instrumentalisiert.** Trotz seines Schuldbewusstseins rechtfertigt er seine Taten, als der Pater auftritt, indem er erneut den gesellschaftlichen Instanzen die Schuld zuweist. Die **Inkonsequenz seines Verhaltens** und seine **Selbstüberschätzung** ist offensichtlich: „(...) itzt will ich stolz reden. Geh hin und sage dem hochlöblichen Gericht, das über Leben und Tod würfelt (...) mein Handwerk ist Wiedervergeltung – Rache ist mein Gewerbe." (II, 3, HL S. 61, Z. 33 ff./R S. 78, Z. 16 ff.) Trotz dieser selbstbewussten Worte wird Karl immer **resignativer in seinen Räuberambitionen**, mehr und mehr wird deutlich, dass seine gesellschaftliche Rebellion durch den vermeintlichen Ausschluss aus den väterlichen Kreisen motiviert worden ist, denn **er begreift sich zunehmend als von der Welt Ausgestoßenen:**

> „(...) Meine Unschuld! (...) die ganze Welt **eine** Familie und ein Vater dort oben – **Mein** Vater nicht – Ich allein der Verstoßene, ich allein ausgemustert aus den Reihen der Reinen (...) Umlagert von Mördern – von Nattern umzischt – angeschmiedet an das Laster mit eisernen Banden (...)." (III, 2, HL S. 69, Z. 7 ff./R S. 87, Z. 5 ff.)

Als Karl durch Kosinskys Schicksal an sein eigenes erinnert wird, kann er seine innerste Sehnsucht nicht länger unterdrücken und beschließt, als Graf von Brand das heimatliche Schloss aufzusuchen. Der seine Ankunft einleitende **Entscheidungsmonolog** (IV, 1, HL S. 76 f., Z. 6 ff/R S. 95 f., Z. 10 ff.) ist ein prägnantes Beispiel

3.4 Personenkonstellation und Charakteristiken

für **Karls zwiespältiges, widersprüchliches**, ihm nicht bewusstes Verhalten. Der Monolog weist deutlich eine Gliederung in drei Phasen auf. Zunächst ist er überwältigt von dem Anblick seiner Heimat und den Erinnerungen an seine Jugendzeit, dann wird ihm schlagartig bewusst, dass er nach seinen Taten keine Hoffnung mehr auf Wiedereingliederung hat, worauf er sich wieder verabschiedet. In der letzten Phase erliegt er jedoch seinen Emotionen und kehrt erneut um Richtung Schloss, wobei ihm klar ist, dass er seinem Räuberleben nicht ‚entfliehen' kann. Leitet Franz durch seine Intrige die Handlungen ein und reagiert Karl somit in seinem Handeln immer auf die Aktionen des Bruders, so **leitet Karl nun die Katastrophe** ein, indem er in Camouflage das Schloss und seine Geliebte Amalia aufsucht und somit Franzens Pläne durchkreuzt. Der Besuch erschüttert den Hauptmann tief („Ich habe mich selbst verloren, seit ich dort war", IV, 5, HL S. 94, Z. 5/R S. 116, Z. 31), er denkt sogar, wie Franz zuletzt, an Selbstmord (IV, 5, HL S. 95 f., Z. 33 ff./R S. 111, Z. 29 f.).

Als er jedoch von der Intrige erfährt, gerät er aus seiner Resignation in rasende Wut und Verzweiflung und beauftragt Schweizer, Franz lebend zu fangen, um sich persönlich an ihm rächen zu können. Erneut nutzt Karl einen Nahestehenden als Werkzeug, der sich für ihn opfert. Sein **Egoismus** und seine **Rücksichtslosigkeit** wird deutlich, wenn ihn zuletzt seine treuen Untertanen an den Treueeid erinnern müssen, da er selbst für einen Augenblick glaubt, sein altes Leben wieder aufnehmen zu können. In seiner **Aggression** schockiert er schließlich auch den Vater zu Tode, und sein Mord an Amalia ist ein weiterer Beweis für den **Widerspruch zwischen seinen moralischen Skrupeln und seinem tatsächlichen Handeln.**

3.4 Personenkonstellation und Charakteristiken

Seine Unterwerfung am Ende des Dramas steht schließlich in direktem Kontrast zu dem anfänglichen Rebellentum, sie zeigt Karls **Einsicht in die Pervertierung eines richtigen Ziels durch falsche Mittel**. In kritischer Reflexion widerruft Karl alle seine Taten, verteidigt die von ihm bisher bekämpfte Gesellschaft und begreift seinen Versuch, die Weltordnung zu verbessern, als schwere Schuld:

Karls Unterwerfung steht im Kontrast zu seiner anfänglichen Rebellion

> „O über mich Narren, der ich wähnete die Welt durch Greuel zu verschönern, und die Gesetze durch Gesetzlosigkeit aufrecht zu halten. (...) da steh ich am Rand eines entsetzlichen Lebens, und erfahre nun mit Zähnklappern und Heulen, **dass zwei Menschen wie ich den ganzen Bau der sittlichen Welt zugrund richten würden.**" (V, 2, HL S. 119 f., Z. 41 ff./R S. 148, Z. 8 ff.)

Um die Ordnung wiederherzustellen, will sich Karl der Justiz stellen. Hierin **inszeniert er sich wiederum als „Opfer" für die „misshandelte Ordnung"**, weshalb ihn seine Räuber abschließend folgendermaßen charakterisieren: „Lasst ihn hinfahren! Es ist die Großmannsucht. Er will sein Leben an eitle Bewunderung setzen." (V, 2, HL S. 120, Z. 33 f./R S. 149, Z. 11 f.)

Schuldbewusstsein – Wiederherstellung der Ordnung

3.4 Personenkonstellation und Charakteristiken

Karl Moor und Franz Moor

KARL MOOR	FRANZ MOOR
Wesentliche Merkmale:	
Der Erstgeborene (Erbe) Der Lieblingssohn seines Vaters Rebelliert gegen Konventionen, Kleinbürgerlichkeit, seine Familie und das politische System – Motiv seiner Rebellion: private Enttäuschung (Intrige) – Verliert durch Kränkung sein Vertrauen in die Gesellschaft, Rachebedürfnis. Seine eigentliche Handlungsmotive kehren sich um und widersprechen sich. – Will eigentlich Gutes bewirken, doch bedient sich schlechter Methoden (Gewalt). – Nach der Einsicht in die Pervertierung seines Ziels resigniert und verzweifelt er (liefert sich der Justiz aus).	Ist von der Natur benachteiligt (der Zweitgeborene, hässlich). Wird von seinem Vater benachteiligt. – Folge: Minderwertigkeitskomplexe, fühlt sich ungerecht behandelt. – Will die Ungerechtigkeiten, die ihm widerfahren sind, durch Intrigen gegen Karl kompensieren. Symbol für skrupellosen Machtherrscher: spinnt Intrigen, verbreitet Lügen, stellt Reichtum und Macht in den Vordergrund.
Unterschiede:	
Gute Absichten Rächer Objekt Inkonsequent Liefert sich der Justiz aus	Böse Absichten Intellektueller (‚Schreibtischtäter') Autonom Konsequent Begeht Selbstmord
Parallelen:	
Begründen ihre Verbrechen mit Ungerechtigkeit, die ihnen zugefügt wurde (üben Gewalt aus Hilflosigkeit aus). Ähnliche Charakterzüge Bedienen sich politischer Mittel. Instrumentalisieren Menschen (Räuber, Hermann). Haben, an ihren Taten gemessen, keine Moral und Skrupel.	

> Haben zunächst Erfolg, erreichen dennoch nicht ihr Ziel.
> Opfern sich selbst, als es keinen Ausweg mehr gibt.
> Annäherung der beiden Brüder (Karl vollstreckt Franzens Pläne)
> Grenzen zwischen **Gut** und **Böse** sind aufgehoben.

Graf Maximilian von Moor

Der alte Moor wird nicht nur durch die Aussagen seines Sohnes Franz und Hermanns als **willensschwach** und **ungerecht** charakterisiert, auch aus seinen Dialogen mit Franz (I, 1), Amalia (II, 2) und Karl (V, 2) geht dieses hervor. Es gelingt Franz in der ersten Szene, seinen Vater durch rhetorische Tricks zum Spielzeug seines Willens zu machen und ihn in die Verzweiflung zu treiben. Ohne die Anschuldigungen Franzens nachzuprüfen, wimmert er **passiv** über sein Schicksal, die Selbstvorwürfe entstammen dem spontanen Augenblick, nicht der tatsächlichen Reflexion seiner Erziehung und möglicher Fehler.

Vater Moor ist Opfer seiner Willensschwäche und Ungerechtigkeit

Als er von dem vermeintlichen Tod Karls erfährt (II, 2), sieht er **selbstherrlich** in Franz den Schuldigen, der ihn zum Fluche veranlasst hat, Kritik an seinem eigenen Handeln erfolgt nicht. Seine Ungerechtigkeit Franz gegenüber wird deutlich, wenn er diesen als „Scheusal" beschimpft und handgreiflich wird (II, 2, HL S. 43, Z. 13 f./R S. 55, Z. 22 ff.), doch diese kraftvolle Gebärde rächt sich schnell mit einem Schwächeanfall und todähnlicher Ohnmacht.

Ohne selbst dem Schicksal Karls aktiv nachzuforschen, erliegt er in dumpfem **Schicksalsglauben** der Intrige. Die Ereignisse schwächen ihn derart, dass er zuletzt durch den Schmerz über den Räuberstatus des wiedergefundenen Sohnes Karl stirbt (V, 2).

3.4 Personenkonstellation und Charakteristiken

Amalia von Edelreich

Treue zu Karl

Amalia zeichnet sich hauptsächlich durch ihre **ungebrochene Treue gegenüber Karl** aus, den sie voll Liebe und Begeisterung bis ins Göttliche verherrlicht. Ohne den geringsten Zweifel an ihrem Angebeteten, ahnt sie von vornherein, dass ihm durch Franz Unrecht angetan worden ist. Folglich erliegt sie keinem seiner Annäherungsversuche, im Gegenteil, sie jagt ihn sogar auf dem Höhepunkt seiner Macht davon, womit sie **Selbstbewusstsein, Widerstandsfähigkeit** und **Kampfgeist** beweist (III, 1).

Amalia erliegt Hermanns Lügenbotschaft lediglich deshalb, da von Karls Treue bis in den Tod die Rede ist. Amalia erweist sich als **großherzig** und **liebevoll**, da sie den alten Moor trotz seines Fehlverhaltens bezüglich Karls Verdammung pflegt und durch ihr Beharren auf ein Wiedersehen im Jenseits tröstet.

Als sie sich von dem Grafen von Brand instinktiv angezogen fühlt, kämpft sie gegen diese Sympathie an, um Karl treu zu bleiben, bis sie ihn als ihren Geliebten erkennt (IV, 4). Das Wiedersehen Amalias und Karls (V, 2) lässt beide für einen Moment die reale Situation vergessen, doch als Amalia erkennt, dass sie Karl auf Grund seines Treueschwurs nicht zurückgewinnen kann, **fleht sie verzweifelt um den Tod**, ihr letzter Wunsch, den ihr der Geliebte erfüllt.

Die Räuber

Die Mehrzahl der Räuber ist **niederträchtig und gewalttätig**. Sie alle rauben aus Habsucht und Mordlust und glorifizieren ihren gemeinschaftlichen Zusammenhalt außerhalb der gesellschaftlichen und gesetzlichen Ordnung.

3.4 Personenkonstellation und Charakteristiken

Der **eigentliche Gründer der Räuberbande**, Spiegelberg (I, 2, HL S. 23, Z. 12 ff./R S. 30, Z. 27 ff.), ist im Gegensatz zu Karl **machtgierig und anarchistisch**. Er unterscheidet sich von Karl in seinen zerstörerischen Größenfantasien und sinnlosen Gewalttaten, zu denen unter zahlreichen anderen die Schändung eines Klosters und unschuldiger Nonnen gehören (II, 3, HL S. 47, Z. 1 ff./R S. 60 f., Z. 8 ff.). Trotz seiner Machtgier schafft es Spiegelberg lediglich, einen Räuber zu instrumentalisieren, weshalb sein heimtückischer Mordanschlag auf den Hauptmann Karl scheitert (IV, 5).

Kosinsky fungiert als **Spiegelbild zu Karl**, seine Lebensgeschichte gleicht der Karls bis auf einen Unterschied. Kosinsky ist **tatsächlich Opfer einer korrumpierten Justiz** und heuchlerischen Gesell-

Spiegelberg

Kontrastfigur zu Karl

Kosinsky

Szenenbild von 1971 (Landestheater Halle): Kurt Böwe als Spiegelberg
© Cinetext/ Barbara Koeppe

3.4 Personenkonstellation und Charakteristiken

Spiegelfunktion Kosinskys

schaft geworden (III, 2) und nicht, wie Karl, Opfer einer Intrige. Kosinskys Rachegefühl hat ein begründetes, **persönliches Motiv** und entsteht nicht aus Überheblichkeit und vermeintlich gekränktem Stolz.

PERSONENKONSTELLATION

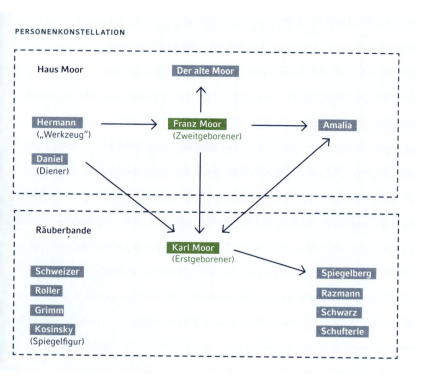

3.5 Sachliche und sprachliche Erläuterungen

Akt I
Szene 1

HL S. 7, Z. 16/ R S. 11, Z. 20	**Zeitung**	Nachricht
HL S. 7, Z. 20/ R S. 11, Z. 24	**verlornen Bruder**	Anspielung auf das biblische Gleichnis vom verlorenen Sohn (Lk. 15, 11–32)
HL S. 8, Z. 32/ R S. 13, Z. 1	**Dukaten**	ursprünglich venezianische Goldmünze, die 1559 bis 1871 auch deutsche Währungseinheit war
HL S. 9, Z. 11/ R S. 13, Z. 26	**Julius Cäsar**	römischer Feldherr und Staatsmann (100–44 v. Chr.)
HL S. 9, Z. 11/ R S. 13, Z. 26	**Alexander Magnus**	Alexander III. (genannt **der Große**) von Makedonien (356–323 v. Chr.).
HL S. 9, Z. 13/ R S. 13, Z. 28	**Tobias**	eine alttestamentliche Familienerzählung zur Verherrlichung strenggesetzlicher Frömmigkeit (das Buch Tobit gehört zu den Apogryphen)
HL S. 9, Z. 42/ R S. 14, Z. 23	**c'est l'amour qui a fait ça!**	frz.: Das hat die Liebe gemacht!
HL S. 10, Z. 1/ R S. 14, Z. 25	**Cartouches**	Cartouche, Spitzname des bekannten französischen Räubers Louis-Dominique Bourguignon (1693–1721), der auch in Deutschland zum literarischen Helden wurde.
HL S. 13, Z. 32/ R S. 19, Z. 8	**einen Rest gesetzt hätte**	schwäb.: bankrott gewesen wäre, einen Fehlbetrag in der Kasse gehabt hätte

3.5 Sprachliche und sachliche Erläuterungen

Szene 2

HL S. 15., Z. 29/ R S. 21, Z. 28	**Säkulum**	lat.: Jahrhundert
HL S. 15., Z. 29/ R S. 21, Z. 28	**Plutarch**	Griechischer Historiker (um 50–125), dessen Biografien großer Griechen und Römer Schiller während seiner Karlsschulzeit begeistert haben.
HL S. 15, Z. 32/ R S. 21, Z. 30	**Josephus**	Flavius J. (37–ca. 100), jüdischer Geschichtsschreiber
HL S. 15, Z. 33/ R S. 21, Z. 32	**Lichtfunke Prometheus**	Nach der griechischen Mythologie stahl Prometheus den Göttern das Feuer und brachte es den Menschen. Er gilt als der Ahnherr aller Aufrührer.
HL S. 16, Z. 2/ R S. 22, Z. 1	**Keule des Herkules**	Herkules trägt eine Keule als Symbol seiner Stärke.
HL S. 16, Z. 4/ R S. 22, Z. 4	**Abbé**	frz.: katholischer Geistlicher in weltlicher Stellung
HL S. 16, Z. 9/ R S. 22, Z. 9	**Taktik des Hannibals**	Hannibal (247/246–ca. 183 v. Chr.), karthagischer Feldherr, schlug die Römer in der taktisch glänzend angelegten Schlacht bei Cannae.
HL S. 16, Z. 11/ R S. 22, Z. 11	**Scipio**	Publius Cornelius S. Africanus der Ältere (ca. 235–183 v. Chr.), Feldherr und Konsul, besiegte Hannibal bei Zama.
HL S. 16, Z. 22/ R S. 22, Z. 22	**Kastratenjahrhundert**	das entmannte, weibische Jahrhundert
HL S. 17, Z. 11/ R S. 23, Z. 20	**Hermanns**	Arminius (18/16 v. Chr.–19/21 n. Chr.), genannt Hermann der Cherusker, schlug 9 n. Chr. die Römer im Teutoburger Wald. Er galt im 18. und 19. Jahrhundert als deutscher Nationalheld.

3.5 Sprachliche und sachliche Erläuterungen

HL S. 18, Z. 30 f./ R S. 25, Z. 13	**Mort de ma vie!**	frz.: Tod meines Lebens; entspricht etwa dem deutschen Fluch „Verdammt!"
HL S. 20, Z. 28/ R S. 27, Z. 26	**die Sullys**	Herzog Maximilian de Sully (1560–1641), Finanzminister Heinrichs IV. von Frankreich
HL S. 21, Z. 19 f./ R S. 28, Z. 28	**Sankt-Veits-Tanz**	Nervenkrankheit mit unwillkürlichem Gliederzucken
HL S. 21, Z. 28/ R S. 29, Z. 1	**La bourse ou la vie!**	frz.: Geld oder Leben!
HL S. 23, Z. 27/ R S. 31, Z. 4	**zum Kalbsfell schwören**	Soldat werden; Soldaten leisteten ihren Eid auf die mit Kalbsfell bespannte Trommel.
HL S. 23, Z. 28/ R S. 31, Z. 15	**Almanach**	Jahrbuch mit belehrendem und unterhaltendem Inhalt
HL S. 24, Z. 34/ R S. 32, Z. 32	**Potentaten**	Machthaber
HL S. 25, Z. 18/ R S. 33, Z. 26	**Si omnes (…) dissentio**	lat.: Wenn alle zustimmen, widerspreche ich nicht.
HL S. 26, Z. 21/ R S. 35, Z. 3	**Megäre**	eine der drei griechischen Rachegöttinnen

Szene 3

HL S. 28, Z. 21/ R S. 37, Z. 26	**von Eider**	gefüllt mit den weichen Daunen der Eiderente
HL S. 29, Z. 24/ R S. 38, Z. 32	**Metze**	Dirne
HL S. 30, Z. 16/ R S. 39, Z. 31 f.	**Siechenhause**	Krankenhaus; Hospiz
HL S. 30, Z. 34/ R S. 40, Z. 14	**äsopischen Krüppel**	Der griechische Fabeldichter Äsop (6. Jahrhundert v. Chr.) war der Überlieferung nach körperbehindert.

3.5 Sprachliche und sachliche Erläuterungen

| HL S. 32, Z. 13/
R S. 42, Z. 9 f. | **Pranger** | Bis ins 19. Jahrhundert wurden Verbrecher zur öffentlichen Schaustellung und Züchtigung an einen Holzpfahl auf dem Marktplatz gekettet. |

Akt II
Szene 1

HL S. 34, Z. 17/ R S. 44, Z. 22	**Eumenide**	die Wohlgesinnte; beschönigender Name für die Errinyen, die griechischen Rachegöttinnen.
HL S. 34, Z. 31 f./ R S. 45, Z. 6	**Deus ex machina**	lat.: der Gott aus der Maschine; im übertragenen Sinne: jemand, der wie gerufen kommt.
HL S. 34, Z. 33/ R S. 45, Z. 7	**Junker**	Sohn eines Edelmannes
HL S. 35, Z. 35/ R S. 46, Z. 18	**Ratze**	Ratte
HL S. 37, Z. 1/ R S. 47, Z. 34 f.	**Treffen bei Prag**	Sieg Friedrichs des Großen über die Österreicher im Siebenjährigen Krieg (1757); Treffen: Schlacht.

Szene 2

HL S. 39, Z. 14–19, Z. 25–30; S. 39/40, Z. 39–8/ R S. 50, Z. 27–32; S. 51, Z. 1–6, 17–28	**Willst dich (…) im Lethe nicht!**	Nach Homers *Ilias* VI und XXII: Hektor nimmt von seiner Frau Andromache und seinem Sohn Astyanax Abschied und geht in den Kampf mit Achill, dem Enkel des Äakus, der den von Hektor getöteten Freund Patroklos rächen will.
HL S. 39, Z. 19/ R S. 50, Z. 32	**Xanthus**	Fluss bei Ilium, d. i. Troja
HL S. 39, Z. 41/ R S. 51, Z. 19	**Priams großer Heldenstamm**	Priamos, der Vater Hektors und König von Troja, hatte zahlreiche Söhne.

3.5 Sprachliche und sachliche Erläuterungen

HL S. 40, Z. 30/ R S. 52, Z. 18	Schwerin	Kurt Christoph Graf von Schwerin (1684–1754), preußischer Generalfeldmarschall, führte im April 1757 im Siebenjährigen Krieg ein Korps nach Böhmen.

Szene 3

HL S. 46, Z. 21/ R S. 59, Z. 25	Narrenseil	Seil, an dem man die Geisteskranken führte.
HL S. 47, Z. 33/ R S. 61, Z. 4	Vettel	altes Weib
HL S. 48, Z. 5 f./ R S. 61, Z. 21	Prälatsbauch	Prälat: höherer Geistlicher
HL S. 49, Z. 8/ R S. 62, Z. 33	Diogenes	D. von Sinope (412–323 v. Chr.), griechischer Philosoph, der am hellen Tag mit einer Laterne nach einem ‚wahren Menschen' gesucht haben soll.
HL S. 52, Z. 2 f./ R S. 66, Z. 17	Kapuzinerskutte	Kapuziner: Bettelorden
HL S. 52, Z. 8/ R S. 66, Z. 23	eine Pike	einen heimlichen Groll
HL S. 52, Z. 39/ R S. 67, Z. 20	Feueresse des Plutos	Pluto oder Hades, Herrscher der Unterwelt in der griechischen Mythologie; hier: Herr der Hölle, die einen Schornstein hat.
HL S. 55, Z. 2/ R S. 70, Z. 4	Mammons	Mammon: im Neuen Testament abschätzig für Geld, Reichtum.
HL S. 55, Z. 7/ R S. 70, Z. 9 f.	Molochs	Moloch: heidnische Gottheit im Alten Testament (3. Moses 18, 21), in Miltons *Das verlorene Paradies* und Klopstocks *Messias* ein kriegerischer Teufel.

3.5 Sprachliche und sachliche Erläuterungen

Akt III
Szene 1

HL S. 64, Z. 2/ R S. 81, Z. 4	Walhallas	In der nordischen Mythologie schart Odin in der ‚Halle der Gefallenen' die gefallenen Krieger um sich.
HL S. 65, Z. 26/ R S. 82, Z. 31	Arkadiens	Die südgriechische Landschaft Arkadien ist in der Literatur der Prototyp der naturhaften Idylle.
HL S. 65, Z. 35/ R S. 83, Z. 4	Basiliskenanblick	Basilisk: in der mittelalterlichen Fabelwelt ein Hahn mit Schlangenschwanz, der Tod, Teufel und Antichrist symbolisiert; sein Blick galt als tödlich.

Szene 2

HL S. 69, Z. 20/ R S. 87, Z. 19	Abbadona	in Klopstocks *Messias* der reumütige, gefallene Engel
HL S. 69, Z. 30/ R S. 87, Z. 29	Paroxysmus	Anfall, höchste Steigerungsstufe einer Krankheit
HL S. 71, Z. 13/ R S. 89, Z. 26–28	den Mann (…) Karthago	Gemeint ist Gaius Marius (156–86 v. Chr.), über den Plutarch (um 46–120) berichtet, er habe dem Gerichtsdiener, der ihm das Verbot, Afrika zu betreten, überbrachte, lange grimmig schweigend angeblickt und schließlich geseufzt: „So melde (…), du habest Gaius Marius als Flüchtling auf den Ruinen von Karthago sitzen sehen." (Plutarch, *Marius* XL).
HL S. 72, Z. 10/ R S. 90, Z. 32	den Marschall von Sachsen	Moritz von Sachsen (1696–1750), berühmter Feldherr in französischen Diensten

3.5 Sprachliche und sachliche Erläuterungen

HL S. 72, Z. 41/ R S. 91, Z. 26	**Seneca**	Lucius Annaeus S. d. J. (4 v.–65 n. Chr.), römischer Staatsmann und Philosoph der stoischen Schule. Er lehrte Gelassenheit über Schicksal und Tod.

Akt IV
Szene 1

HL S. 76, Z. 16 f./ R S. 95, Z. 21	**Arbela**	siegreiche Schlacht Alexanders des Großen gegen die Perser (331 v. Chr.)
HL S. 76, Z. 18/ R S. 95, Z. 23	**Satrapen**	altpersischer Statthalter

Szene 2

HL S. 77, Z. 18/ R S. 96, Z. 30	**Barbarossa**	Rotbart, Beiname des staufischen Kaisers Friedrich I (1150–90)

Szene 3

HL S. 85, Z. 3/ R S. 105, Z. 32	**Öhrn**	schwäb.: Hausflur
HL S. 87, Z. 31/ R S. 109, Z. 9	**Presser**	lästiger Mahner

Szene 4

HL S. 88, Z. 3/ R S. 109, Z. 22	**Lenze**	Lenz: Frühling

Szene 5

HL S. 91, Z. 1/ R S. 113, Z. 6	**Mercurius**	römischer Gott des Handels und der Diebe
HL S. 91, Z. 17/ R S. 113, Z. 22	**Mucken**	schwäb.: Fliegen

3.5 Sprachliche und sachliche Erläuterungen

HL S. 92, Z. 20/ R S. 114, Z. 29	usurpiert	sich gewaltsam angeeignet
HL S. 93, Z. 27/ R S. 116, Z. 6	Salvier dich	Bring dich in Sicherheit.
HL S. 93, Z. 35/ R S. 116, Z. 17	Nemesis	in der griechischen Mythologie die rächende Gerechtigkeit
HL S. 94, Z. 23/ R S. 117, Z. 16	Philippi	Bei Philippi (42 v. Chr.) siegten Mark Anton und Octavian (Augustus) über die Cäsar-Mörder Brutus und Cassius.
HL S. 95, Z. 4/ R S. 117, Z. 34	Orkus	lat.: das Totenreich in der griechischen Mythologie
HL S. 95, Z. 9/ R S. 118, Z. 4	Minos	In der griechischen Mythologie einer der drei Richter, die im Totenreich die eintreffenden Schatten richten.
HL S. 95, Z. 22/ R S. 118, Z. 17	Schwarzer Schiffer	Charon, der die Toten über den Acheron rudert.

Akt V
Szene 1

HL S. 103, Z. 9/ R S. 127, Z. 14	Elieser	Daniel vergleicht sich mit dem alten, treuen Diener Abrahams (vgl. 1. Mose 15, 2).
HL S. 104, Z. 14/ R S. 128, Z. 25 f.	zur Ader lassen	Der Aderlass (Abzapfen von Blut) wurde bei vielen Krankheiten angewendet.
HL S. 105, Z. 26/ R S. 130, Z. 11	Sina	Der Berg Sinai, auf dem Moses mit Gott sprach.
HL S. 106, Z. 14/ R S. 131, Z. 8	Blut der Versöhnung	Das Blut Christi, der nach christlicher Vorstellung mit seinem Kreuzestod die Sünden der Welt auf sich genommen hat.

3.5 Sprachliche und sachliche Erläuterungen

HL S. 108, Z. 35/ R S. 134, Z. 16	**Richard und Nero**	Richard III. von England (1452–85) und der römische Kaiser Nero (37–68 n. Chr.)

Szene 2

HL S. 118, Z. 8/ R S. 146, Z. 2	**Erzengel Michael**	In der Apokalypse kämpft er gegen den als Drachen erscheinenden Teufel (vgl. Offenbarung 12, 7).
HL S. 119, Z. 4/ R S. 147, Z. 7	**so lehre mich Dido sterben**	Vgl. Vergils (70–19 v. Chr.) *Aenis* IV, 642 ff.: Dido, die Königin von Karthago, erdolcht sich, als Aeneas, den sie liebt, sie auf Jupiters Befehl verlässt.
HL S. 120, Z. 20/ R S. 148, Z. 33	**Harmonie der Welt**	Der griechische Philosoph Pythagoras (um 582–507 v. Chr.) nahm an, dass die Weltkörper in sphärischer Harmonie um ein zentrales Feuer kreisten und eine für Menschen unhörbare, melodische Musik hervorbrächten.

3.6 Stil und Sprache

ZUSAMMEN-FASSUNG

Die Räuber kennzeichnet eine leidenschaftlich-expressive Sprache, die die für den Sturm und Drang typische Aufbruchstimmung bzw. den Drang nach dem Umsturz der etablierten Ordnung zum Ausdruck bringt. Mittels eines umfangreichen Bilderreichtums und der Verwendung verschiedenster expressiver Stilfiguren erzeugt Schiller Pathos, sodass die Sprache unmittelbar Leiden und Leidenschaften des Sprechers ausdrückt. Diese zügellose, leidenschaftliche Sprache wird mittels nominalistischer Rhetorik und abstrakter Bildlichkeit eingebunden und in einen größeren gedanklichen Kontext gebracht.

In Schillers Drama *Die Räuber* sind Stil und Sprache die zentralen Gestaltungsmittel, um die **Aufbruchstimmung** des Sturm und Drang zu dramatisieren und den Willen zum Aufruhr gegen die ganze Natur sowie den „kraftgenialischen Drang nach Revolution und Umstürzung etablierter Ordnungen"[17] darzustellen. Dementsprechend herrscht in den *Räubern* ein **Expressivstil** vor, eine **leidenschaftliche, pathetische Sprache**, die durch Stilfiguren wie Emphase, Interjektionen, Hyperbeln oder Akkumulationen (s. u.) den Eindruck der Unmittelbarkeit erzeugt. Die **Emotionalität** der Sprache wird zudem verstärkt durch eingearbeitete Passagen des **Umgangssprachlichen**, **Volkstümlichen** und wirkungsvolle ‚Kraftwörter'.

Leidenschaftlich-expressive Sprache

---

[17] Wacker, Manfred: Schillers ‚Räuber' und der Sturm und Drang. Stilkritische und typologische Überprüfung eines Epochenbegriffs. Göppingen: Verlag Alfred Kümmerle, 1973, S. 47.

3.6 Stil und Sprache

Expressivstil versus Nominalstil

Diesem für den Sturm und Drang charakteristischen affektbetonten Sprechen steht jedoch stets ein Nominalstil gegenüber, der ein vom Verstand kontrolliertes Sprechen kennzeichnet und die Unmittelbarkeit des aufrührerischen Impetus mindert. Auch der Wortschatz weist zwar einerseits umgangssprachliche, derbe Begriffe und Redewendungen auf, andererseits jedoch auch eine **gedanklich-abstrakte Begrifflichkeit**, die ein Denken offenbart, das sich an sittlichen Normen orientiert. Die teilweise **explosive, zügellose Sprache** der *Räuber* wird in einen **pathetisch-rhetorischen Stil** eingebunden, der die individuellen Aussagen objektiviert und somit der **antithetischen Gesamtkomposition** dient. Als wichtigste stilbildende rhetorische Figuren dienen **Antithese** und **Parallele** (s. u.) zu einer Deutung von Welt, die nicht spontanes Gefühl, sondern auf Erkenntnis gerichtete Vernunft äußert.

Expressivstil versus Nominalstil entspricht Gesamtkomposition

Die folgende Übersicht erläutert die bereits angesprochenen wichtigsten Stilmittel des Dramas in ihrer Funktion für die Gesamtkonzeption.

Sprachliche Mittel

Affektgeladene Ausdrucksweise durch Verbalstil

ERKLÄRUNG	Verben bestimmen den Sprachduktus.
TEXTBELEG	*„fangen an die Brandglocken zu brummen, knallt der Pulverturm in die Luft"* (HL S. 54, Z. 5 ff./R S. 68, Z. 36 f.) *„zernichtet wird die Seele"* (HL S. 109, Z. 35 f./R S. 135, Z. 26 f.) *„Und will halten, was er versprochen hat"* (HL S. 86, Z. 1/ R S. 107, Z. 1)

3.6 Stil und Sprache

Überwiegend vom Verstand geleitetes Sprechen durch Nominalstil	
ERKLÄRUNG	Nomen bestimmen den Sprachduktus.
TEXTBELEG	„Jeder hat gleiches Recht zum Größten und Kleinsten, Anspruch wird an Anspruch, Trieb an Trieb und Kraft an Kraft zernichtet." (HL S. 14, Z. 2 ff./R S. 19, Z. 23 ff.) „Menschen haben Menschheit vor mir verborgen, da ich an Menschheit appellierte, weg dann von mir Sympathie und menschliche Schonung" (HL S. 27, Z. 31 ff./R S. 36, Z. 23 ff.) „Aber wofür der heiße Hunger nach Glückseligkeit? Wofür das Ideal einer unerreichten Vollkommenheit? Das Hinausschieben unvollendeter Pläne?" (HL S. 95, Z. 36 ff./R S. 118, Z. 31 ff.) „Der Gedanke Gott weckt einen fürchterlichen Nachbar auf, sein Name heißt Richter." (HL S. 109, Z. 7 f./R S. 134, Z. 32 f.)
Expressivstil, erzeugt durch: Emphase, Interjektionen, Anakoluthe, Aposiopesen, Ellipsen, Hyperbeln, Inversionen und Akkumulationen	
ERKLÄRUNG	Die Sprache ist leidenschaftlich, pathetisch, durchsetzt mit ‚Kraftwörtern'.
TEXTBELEG	„Räuber Moor (wider eine Eiche rennend). *Die Seelen derer, die ich erdrosselte im Taumel der Liebe – derer, die ich zerschmetterte im heiligen Schlaf, derer – hahaha! hört ihr den Pulverturm knallen über der Kreißenden Stühlen? Seht ihr die Flammen schlagen an den Wiegen der Säuglinge? das ist die Brautfackel, das ist Hochzeitsmusik – oh, er vergisst nicht, er weiß zu knüpfen – darum von mir die Wonne der Liebe! darum mir zur Folter die Liebe! Das ist Vergeltung!* (HL S. 116, Z. 34 ff./R S. 144, Z. 14 ff.)
Emphase	
ERKLÄRUNG	Nachdrückliche Betonung
TEXTBELEG	Entsteht durch betontes Aussprechen.
Interjektion	
ERKLÄRUNG	In einen Zusammenhang eingeschobener Ausruf
TEXTBELEG	„(...) – Reue, und keine Gnade! – Oh ich möchte den Ozean vergiften (...)" (HL S. 26, Z. 31 f./R S. 35, Z. 13 f.)

3.6 Stil und Sprache

Anakoluth

ERKLÄRUNG	Satzstörung, z. B. durch Einschub oder Satzbruch
TEXTBELEG	„– Sie dringen herauf – belagern die Türe – warum zag ich so vor dieser bohrenden Spitze? – Die Türe kracht – stürzt – unentrinnbar! – Ha! so erbarm du dich meiner!" (HL S. 112, Z. 17 ff./R S. 139, Z. 1 ff.)

Aposiopese

ERKLÄRUNG	Bewusstes Abbrechen der Rede vor der entscheidenden Aussage, wobei entweder die syntaktische Konstruktion abgebrochen oder der Gedanke nicht zu Ende geführt wird.
TEXTBELEG	„Es war eine Zeit – Lasst mich allein, Kameraden." (HL S. 68, Z. 28 f./R S. 86, Z. 19 f.) „Dein Fluch, Vater – frage mich nichts mehr! – ich bin, ich habe – dein Fluch – dein vermeinter Fluch! – Wer hat mich hergelockt?" (HL S. 116, Z. 26 ff./R S. 144, Z. 3 ff.) „Die Seelen derer, die ich erdrosselte im Taumel der Liebe – derer, die ich zerschmetterte im heiligen Schlaf, derer – hahaha! hört ihr den Pulverturm (...)" (HL S. 116, Z. 34 ff./R S. 144, Z. 14 ff.)

Hyperbel

ERKLÄRUNG	Übertreibung
TEXTBELEG	„Euer banges Sterbegewinsel – euer schwarzgewürgtes Gesicht – eure fürchterlich klaffenden Wunden (...)" (HL S. 96, Z. 6 ff./R S. 119, Z. 9 ff.)

Vulgarismus/Umgangssprache

TEXTBELEG	„Da krabbeln sie nun wie die Ratten auf der Keule des Herkules, und studieren sich das Mark aus dem Schädel, was das für ein Ding sei, das er in seinen Hoden geführt hat? (...) Alexander sei ein Hasenfuß gewesen (…) Pfui über das schlappe Kastratenjahrhundert (…) Ins Loch mit dem Hund! (...) sauf, Bruder, sauf (...) du willst die Vorhaut aus der Mode bringen (...)" (HL S. 16 f., Z. 1 ff./R S. 21 ff., Z. 34 ff.)

3.6 Stil und Sprache

> „(...) diese ewige Grille von Karl soll dir mein Anblick gleich einer feuerhaarigen Furie aus dem Kopfe geißeln, das Schreckbild Franz soll hinter dem Bild deines Lieblings im Hinterhalt lauern (...) an den Haaren will ich dich in die Kapelle schleifen, den Degen in der Hand, dir den ehlichen Schwur aus der Seele pressen, dein jungfräuliches Bette im Sturm ersteigen, und deine stolze Scham mit noch größerem Stolze besiegen." (HL S. 65 f., Z. 39 ff./R S. 83, Z. 8 ff.)

Ironie

ERKLÄRUNG — Das Gesagte ist nicht gemeint, durch Wortwahl/-stellung ist der wahre Sachverhalt zu erkennen.

TEXTBELEG — „Franz (streichelt ihm die Backen). *Wie schlau du bist! – denn siehst du, auf diese Art erreichen wir alle Zwecke zumal und bald.*" (HL S. 37, Z. 12 ff./R S. 48, Z. 10 ff.)

Dramatische Ironie

ERKLÄRUNG — Liegt vor, wenn eine Figur etwas sagt, von dessen tieferen Bedeutung sie selbst nichts ahnt, dafür jedoch das Publikum.

TEXTBELEG — „(Franz:) – *die Katastrophe dieser Tragikomödie überlass mir!* (Hermann:) *Und die wird sein: Vivat der neue Herr, Franziskus von Moor!*" (HL S. 37, Z. 8 ff./R S. 48, Z. 6 ff.)

Metapher

ERKLÄRUNG — Ein Wort oder eine Wortgruppe werden aus dem gewohnten Bedeutungszusammenhang auf einen anderen übertragen. Metaphorische Redeweise kann sich auch auf einen Satz oder auf Redezusammenhänge ausdehnen.

TEXTBELEG — „*Ich habe große Rechte, über die Natur ungehalten zu sein (...) Nein! nein! Ich tu ihr Unrecht. Gab sie uns doch Erfindungsgeist mit, setzte uns nackt und armselig ans Ufer dieses großen Ozeans Welt – Schwimme, wer schwimmen kann, und wer zu plump ist, geh' unter! (...) Armer Hase! Es ist doch eine jämmerliche Rolle, der Hase sein müssen auf dieser Welt (...) Es ist itzo die Mode, Schnallen an den Beinkleidern zu tragen, womit man sie nach Belieben weiter und enger schnürt. Wir wollen uns ein Gewissen nach der neuesten Façon anmessen lassen, um es hübsch weiter aufzuschnallen, wie wir zulegen. Was können wir dafür? Geht zum Schneider!*" (HL S. 13 f., Z. 27 ff./R S. 19 f., Z. 3 ff.)

3.6 Stil und Sprache

Parallelismus

ERKLÄRUNG	Wiederholung derselben Satzteilreihenfolge in zwei oder mehreren aufeinanderfolgenden Sätzen
TEXTBELEG	„Ich will ihn zwingen, dass er mich zernichte, ich will ihn zur Wut reizen, dass er mich in der Wut zernichte." (HL S. 110, Z. 5 ff./R S. 136, Z. 4 ff.)

Antithese, antithetisches Sprechen

ERKLÄRUNG	Behauptung, die im Gegensatz zu einer bestehenden These aufgestellt wird. Gegenüberstellung gegensätzlicher Begriffe und Gedanken.
TEXTBELEG	„Und ich so hässlich auf dieser schönen Welt – und ich ein Ungeheuer auf dieser herrlichen Erde." (HL S. 69, Z. 4 f./R S. 87, Z. 1 ff.) „Wer nichts fürchtet, ist nicht weniger mächtig als der, den alles fürchtet." (HL S. 14, Z. 25 f./R S. 20, Z. 10 f.) „Auch im elendesten äsopischen Krüppel kann eine große, liebenswürdige Seele wie ein Rubin aus dem Schlamme glänzen." (HL S. 30, Z. 33 ff./R S. 40, Z. 14 ff.)

Klimax

ERKLÄRUNG	Anordnung einer Wort- oder Satzreihe nach stufenweiser Steigerung im Aussageinhalt
TEXTBELEG	„Vaterlandserde (...) Vaterlandshimmel (...) Vaterlandssonne!" (HL S. 76, Z. 6 f./R S. 95, Z. 10 f.) „Was? du wirst böse? was kannst du böse auf ihn sein? Was kannst du ihm Böses tun?" (HL S. 35, Z. 34 f./R S. 46, Z. 16 f.)

3.7 Interpretationsansätze

ZUSAMMENFASSUNG

Das Stück *Die Räuber* kann hinsichtlich seiner gesellschaftlichen und politischen Implikationen als Ausdruck einer über die herrschenden, einengenden Feudalstrukturen frustrierten jungen Generation interpretiert werden, die unter Berufung auf Freiheit und Naturgesetze gegen die Väterwelt rebelliert und somit eine Orientierungskrise zu Umbruchzeiten abbildet. Bedeutende Interpretationsansätze betrachten die Leitthemen und Leitmotive, die das Drama strukturieren und mit Bedeutung anreichern (z. B. biblische Metaphorik, Ringparabel, feindliche Brüder) oder gehen in einer biografisch ausgerichteten Interpretation den Gedanken Schillers selbst auf den Grund.

Die Räuber als:

→ jugendliche Rebellion gegen die feudal-einengende Väterwelt

→ Gleichnis vom verlorenen Sohn und vom Bruderzwist

→ Normenkonflikt zwischen Verstand und Herz (Aufklärung, Empfindsamkeit und Sturm und Drang)

→ Sprachrohre des jungen Schiller

3.7 Interpretationsansätze

Gesellschaftliche und politische Implikationen

Laut **Gert Ueding** kommt in Schillers *Räubern* die **Frustration der jungen Generation** bürgerlicher Intellektueller mit ihren Lebensbedingungen inmitten einer von Gegensätzen geprägten **feudal-absolutistischen Umwelt** zum Ausdruck:

Gesellschaftskritische Aspekte der *Räuber*

> „(Schillers Jugendstück) ist gegen eine (Väter-)Welt gerichtet, die, voller Mauern und Schranken gesellschaftlicher, politischer und kultureller Verfassung, jeder auf Freiheit und Selbstverwirklichung gerichteten Initiative des bürgerlichen Menschen schier unüberwindliche Schwierigkeiten in den Weg stellte. ‚Die Räuber' sind also ganz sicher ein rebellisches Stück voll vorrevolutionärer Impulse, in dem es gärt und brodelt und das (...) die Unzufriedenheit der jungen Generation bürgerlicher Intellektueller mit ihren Lebensbedingungen inmitten einer feudal-absolutistisch bestimmten Umwelt zum Ausdruck brachte. (...) Ein politisches Stück sind die ‚Räuber' schon deswegen, weil Schiller in ihm ein Kernproblem des bürgerlichen Widerstands im feudalabsolutistischen Staat behandelt: Motivation und Mechanismus der politischen Tat sind so eng mit privaten und egoistischen Zwecken verknüpft, dass sie scheitern muss, und der Täter selber nur zu der Einsicht in die Notwendigkeit des Scheiterns geführt werden kann. (...) Karls Kritik entzündet sich an den objektiven historischen Verhältnissen, an der deutschen Misere, die eine Erbschaft des Dreißigjährigen Krieges darstellt und in wirksamen, bildkräftigen Antithesen gefasst ist, welche das Stück leitmotivisch durchziehen: Größe versus Kleinheit; Freiheit versus Ordnung; Gesetz versus Zwang; Natur versus Konvention und Etikette; Republik versus feudalistischer Kleinstaat."[18]

---

18 Ueding, Gert: *Friedrich Schiller*. München: C. H. Beck, 1990, S. 25 f.

3.7 Interpretationsansätze

Die Räuber als Abbild historischer Verhältnisse

Dietrich Steinbach betrachtet die **widersprüchliche Struktur** des Dramas im Zusammenhang mit dem **Widerspruch der deutschen Geschichte**, wie er sich im aufgeklärten Absolutismus und in der bürgerlichen Aufklärung offenbare:

> „Ein auffallendes Merkmal der ‚Räuber' ist der (...) offene und paradoxe Schluss. Die in ihm vollzogene idealistische und individualistische Lösung verdeckt allerdings nur den entscheidenden Bruch und Widerspruch in der Handlungslinie des Dramas (...), in dem die zuvor als notwendig erkannte Entwicklung (Veränderung der gesellschaftlichen Verhältnisse) in eine moralische Privatlösung umgebogen wird, die nichts anderes als politische Resignation darstellt. In der Zurücknahme der anfangs entworfenen Utopie ist mittelbar ausgedrückt das Scheitern von Aufklärung und Revolte.
>
> Die Frage, ob dieser immanente gesellschaftliche Gehalt der Intention des Autors überhaupt entspricht, kann berechtigterweise gestellt werden. Entscheidend ist aber, dass sich in der Struktur des Dramas die gesellschaftlichen und politischen Verhältnisse ebenso wie die Bewusstseinslage der damaligen Zeit objektivieren. Der Widerspruch des Dramas ist der Widerspruch der deutschen Geschichte, wie er sich im aufgeklärten Absolutismus und in der bürgerlichen (nicht zu Ende gebrachten) Aufklärung offenbart. Er ist begründet in der Ungleichzeitigkeit der republikanischen Bestrebungen und der politischen Verhältnisse."[19]

---

19 Steinbach, Dietrich: *Literatursoziologie und Deutschunterricht*. Zitiert nach: Steinbach, Dietrich (Hg.): *Friedrich Schiller, Die Räuber*. Stuttgart: Ernst Klett, 1979, S. 163–164.

3.7 Interpretationsansätze

Auch **Hans Richard Brittnacher** deutet *Die Räuber* im zeitgeschichtlichen Kontext einer Gesellschaft, die **Angst vor der sozialen Anomie nach dem Zusammenbruch des metaphysischen Weltbildes** hatte:

Abbild der historischen Orientierungskrise

> „'Die Räuber' selbst stellen die Orientierungskrise des Zeitalters in der doppelten Tragödie der feindlichen Brüder dar: Aufklärung und Empfindsamkeit, der Zweckrationalismus von Franz und die idealische Selbsthelferphilosophie Karls werden bis zum Zerreißen angespannt. Franzens krasser Materialismus kann keinen Gott und kein Gesetz außer dem seiner eigenen Natur anerkennen und folgert aus seinen naturphilosophischen Grundannahmen die Legitimität seiner despotischen Allmachtsfantasien: ‚Ich will alles um mich her ausrotten, was mich einschränkt, dass ich nicht Herr bin'. (...) Der Idealismus Karls bedarf nur einer narzisstischen Kränkung, um ‚durch die ganze Natur das Horn des Aufruhrs' (...) blasen zu wollen. ‚Die Räuber' führten dem Publikum den febrilen Ausnahmezustand einer Zeit vor Augen, die ihre wesentlichen Bindungen verloren glaubte. Im Furor einer aller Legitimationen entbundenen Rationalität und eines entfesselten Idealismus erkannte das Publikum das drohende Schreckgespenst der sozialen Anomie nach dem Zusammenbruch des metaphysischen Weltbildes.
> Um die Haltlosigkeit der in die Anomie entlassenen Individuen angemessen darstellen zu können, greift Schiller zu archaischen Metaphern. Der Machtwunsch von Franz steigert sich in die Allmachtsfantasie eines Demiurgen, der sich aus der grausamen Herrschaft über Andere die eigene Identität bestimmen will (...). Karls ‚Universalhass' (...) zielt auf nichts Geringeres als die Ausrottung der ganzen Menschheit (...). Diese anarchischen Gewaltfantasien, vermittelt und gesteigert durch die eigentüm-

3.7 Interpretationsansätze

liche, brisante Mischung aus aufklärerischer Fürstenkritik, dem derben Selbsthelferpathos des Sturm und Drang, der spektakulären Operngestik und dem kultischen Charakter der attischen Tragödie mit Chor, Nemesis, Blut und Opfer, gelten für alle Fassungen des Dramas."[20]

Leitthemen und Leitmotive

Biblische Metaphorik

Hans Richard Brittnacher hat außerdem die **zwei zentralen Leitthemen** der *Räuber* untersucht, das **Gleichnis vom verlorenen Sohn** und die **Geschichte von Jakob und Joseph**. Beide biblischen Modelle familiärer Versöhnung, so Brittnacher, fänden in Schillers Drama ihre **Revision**:

„,Pfui, du wirst doch nicht gar den verlorenen Sohn spielen wollen!' (...): Spiegelbergs boshafte Bemerkung gegenüber dem zur Reue entschlossenen Karl spricht eines der Leitthemen des Dramas, die Parabel aus dem Lukas-Evangelium, offen aus – und denunziert es zugleich als Rollenklischee. Dem ästhetisch-theologischen Repertoire, dem es angehört, müsste Karl – ‚ein Kerl wie du' (...) – längst erwachsen sein. Die für den Vater unzweifelhafte Gültigkeit des anachronistischen Modells macht Franz sich zunutze, indem er den eigenen Abfall von der Vaterordnung dem Bruder unterschiebt: ‚Ein allerliebstes köstliches Kind, dessen Studium es ist, keinen Vater zu haben.' (...) Einen dramatischen Geltungsverlust erleidet die Versöhnungsparabel, wenn in offenem Widerspruch zum neutestamentarischen Urtext der Vater das Schuldbekenntnis des reumütigen Sohnes formuliert (...). Statt an Mordanschlägen des Zweitgeborenen

---

20 Brittnacher, Hans Richard: *Die Räuber*. In: Koopmann, Helmut (Hg.): *Schiller-Handbuch*. Stuttgart: Alfred Kröner Verlag, 1998, S. 327–328.

3.7 Interpretationsansätze

stirbt der alte Moor an der Rückkehr des Erstgeborenen – also gerade daran, dass die Schrift sich erfüllt. Damit wird das Modell richtender und vergebender väterlicher Autorität endgültig revoziert: Was im biblischen Urtext dem Vater Anlass zur Seligkeit war und dem Sohn die Verzeihung einbrachte, tötet hier den Vater und vergrößert noch die Schuld des Sohnes.
Dem Gleichnis aus dem Lukas-Evangelium steht (...) ein alttestamentarisches Zitat, die Geschichte von Jakob und seinem Sohn Joseph, gleichbedeutend zur Seite. Aber auch diese Geschichte über den betrogenen Vater und seinen tot geglaubten Sohn findet in Schillers Text ihre Revision. Beide biblischen Modelle werden bemüht, um widerrufen zu werden. Nicht der verlorene Sohn aus dem Lukas-Evangelium und auch nicht der wiedergefundene Sohn aus dem Ersten Buch Moses, sondern die verlorene religiöse Ordnung, deren personale und institutionelle Verkörperung die puissance paternelle ist, steht im Vordergrund des Stückes."[21]

Peter-André Alt erkennt in Schillers *Räubern* eine **Variation** des Motivs **der Ringparabel** aus Lessings *Nathan der Weise*. Die **Ringe** der Opfer Karls **symbolisierten**, so Alt, nicht religiöse Eintracht, sondern **Opportunismus**, Gewinnstreben und **Intoleranz** derer, die sie besessen hätten.

Intertextuelle Verweise

---

21 Ebd., S. 331–332.

3.7 Interpretationsansätze

„Als neuer Robin Hood, der in der Räuberrolle für die Umverteilung der Güter, gesellschaftliche Gerechtigkeit und die Bestrafung ständischer Borniertheit steht, lässt sich Karl von einer sozialen Utopie leiten. (...) Sein Protest gilt der feudalistischen Ständegesellschaft, Ämterpatronage und Pharisäertum, einer korrupten Kirche, höfischer Günstlingswirtschaft, menschenverachtenden Gesetzen und aristokratischer Willkür, wie sie die Geschichte Kosinskys beglaubigt. Die Ringe seiner Opfer, die er an der Hand trägt, bezeichnen das Gegenbild zur Parabel aus Lessings ‚Nathan': Sie symbolisieren nicht religiöse Eintracht, sondern Opportunismus, Gewinnstreben und Intoleranz derer, die sie besaßen. Karls Kampf für die Benachteiligten wird getragen von jenem aufgeklärtem Reformgeist, der in den neueren Staatstheorien des ausgehenden 18. Jahrhunderts zu Tage getreten war."[22]

| Das Motiv der feindlichen Brüder symbolisiert den Normenkonflikt von Aufklärung, Empfindsamkeit und Sturm und Drang |

In seinen Studien zu Schillers *Räubern* deutet **Peter Michelsen das Motiv der feindlichen Brüder** als zentrales Mittel, durch das der die Aufklärung kennzeichnende Dualismus dramatisiert wird. Die **feindlichen Brüder symbolisieren den Normenkonflikt** der ineinander übergreifenden zeitlichen Strömungen **der Aufklärung, der Empfindsamkeit und des Sturm und Drang,** der sich insbesondere in dem **Antagonismus von Verstand und Herz ausdrückt.**

„In [dem Motiv der feindlichen Brüder], das sich ja, wie bekannt, bei den Stürmern und Drängern besonderer Beliebtheit erfreute, wurde der Dualismus, von dem die Aufklärung bestimmt war (...), auf die Spitze getrieben und zum Zwiespalt,

— — —

22 Alt, *Erster Band*, S. 296.

3.7 Interpretationsansätze

zum Zwist, verschärft. Der Antagonismus dessen, was von Natur zusammengehört, hebt den in der Aufklärung anhängigen Prozess zwischen Kopf und Herz ins Bild.
Dabei war die Bewertung, die beiden Seiten zuteil wurde, schon bei den Aufklärern nicht gleichmäßig verteilt; bei Fielding zum Beispiel steht dem moralisch strengen, aber glatten letztlich (...) schurkischen Verstandesmenschen der mit menschlichen Schwächen versehene, aber letztlich herzensgute Naturbursche gegenüber So hatte die Literatur auf Grund der (durchaus aufklärerischen, nicht erst von Rousseau entwickelten!) Vorstellungen von „Natur!", Natürlichkeit rund allem, was damit zusammenhängt, als Gegenbild zum modernen Kulturmenschen die für die ganze Epoche typische Figur des ‚edlen Wilden' hervorgebracht, die sicherlich bei Schillers Konzeption seines edlen Räubers Pate stand. Wo auch immer also Schiller das Räuber-Motiv entlehnt haben mag:
Es ist entschieden literarischer Natur und entsprang dem Überdruss des Menschen an den Errungenschaften der Zivilisation, wie er sich in Karls flammenden Extemporationen gegen das eigene Zeitalter (I, 2) heftig genug Luft macht. Dabei vermag der dem natürlichen 'Leben sich nähernde, von Empfindsamkeit überfließende Räuber keine Versöhnung, ja nicht einmal eine Verbindung mehr herzustellen mit dem kalten, das psychologische Seziermesser handhabenden, berechnend-intrigierenden Bruder. Kaum besser konnte das tiefe, schier endgültige Zerbrochensein der den Menschen zu einem Ganzen verknüpfenden Gemeinsamkeit von Herz und Verstand sinnfällig gemacht werden als durch die Tatsache, dass die beiden Brüder auf der Bühne nie zusammentreffen. (...) Das die Brüder Verbindende ist ihr Ursprung: die Blutsbindungen, die Familie, das Haus. Zusammen mit den Vertretern dieses Bereiches mit dem alten

3.7 Interpretationsansätze

Moor, mit der Dienerschaft, mit Amalia – zeigt sich jeder der Brüder auf der Bühne; mit dieser Sphäre stehen sie beide in zwar kontrastierenden, aber doch wieder gemeinsamen Beziehungen. Denn bei beiden Brüdern sind die Bande zur Familie zerrissen. Deren Haupt nun ist der Vater (...). Dass der Vater in den ‚Räubern' nicht nur als Privatperson, sondern repräsentativ für die ganze, auf patriarchalischer Autorität beruhende gesellschaftliche Ordnung zu sehen ist (...), wird schon durch die Tatsache angedeutet, dass der alte Moor ein reichsunmittelbarer Souverän sein soll: ‚Regierender Graf von Moor', heißt er ausdrücklich im Personenverzeichnis, und sein ‚Gebiet' hat er, wie Franz rügend vermerkt, zu seinem Familienzirkel umgeschaffen (II, 2): Er regiert also als ein guter Haus- und Landesvater.

Mit dieser – im Sinne der Aufklärung ja durchaus rühmlichen – Charakterisierung der Herrschaftsausübung des Grafen wird zugleich deren Schwäche gekennzeichnet (die sich in der persönlichen Schwäche des Alten nur spiegelt). Diese Schwäche ist kein Zufall. Denn der Impetus, der die Aufklärung von Anfang an vorantrieb, war Kritik an den Autoritäten gewesen."[23]

---

[23] Michelsen, Peter: *Der Bruch mit der Vater-Welt. Studien zu Schillers „Räubern"*. Heidelberg: Carl Winter, 1979. S. 71–72.

3.7 Interpretationsansätze

Biografische Aspekte

Norbert Oellers deutet die *Räuber* im Zusammenhang mit **biografischen Aspekten** des jungen Schiller und erläutert mögliche **Motive für die Gestaltung der beiden Hauptfiguren** Franz und Karl Moor:

Karl und Franz als Sprachrohre des jungen Schiller

„Karl und Franz Moor sind Sprachrohre Schillers (...); sie sind förmliche Selbstprojektionen des Dichters, der gegen seine drei Väter – gegen Johann Caspar, den leiblichen Vater, gegen Carl Eugen, den Herzog, und gegen Gott – den Aufstand probt. Er veranstaltet ein Colloquium über die Willkür und Ungerechtigkeit von Herrschaft(en), über die Ausbeutung der Vielen durch Wenige, über die Zufälligkeit von Naturereignissen. (...) Mit Franz sympathisierte Schiller, weil er sich in ihm einen großen Verbrecher schuf, der über einen scharfen Verstand verfügt und mit einer geradezu luziferischen Energie die Annihilierung Gottes betreibt. Mit Karl verbindet Schiller die Neigung, gegen die Schrecken der Herrschaftsbekämpfung zu setzen; die Ungewissheit, wie die neue Welt aussehen könne, wenn die alte in Schutt und Asche gelegt ist, fördert nicht nur den nagenden Selbstzweifel des Helden, sondern treibt auch Schillers widerstrebend gezogenes Fazit ins Stück: Revolutionen müssen anders begründet und anders organisiert werden, als Karl (...) sich das hätte träumen lassen."[24]

Der Schauspieler Werner Krauss als Franz Moor (1921) © ullstein bild – Hans Natge

---

24 Hofmann, Michael (Hg.): *Norbert Oellers. Friedrich Schiller. Zur Modernität eines Klassikers.* Frankfurt am Main und Leipzig: Insel Verlag, 1996, S. 212.

4. REZEPTIONSGESCHICHTE

ZUSAMMENFASSUNG

Nicht nur die Uraufführung der *Räuber* war ein sensationeller Erfolg, nach dem das Theater einem „Irrenhause" glich. Schiller wurde fortan im In- und Ausland aufgrund seines „feurigen" Ausdrucks, seiner „fortreißenden Einbildungskraft" sowie seines Talents zur psychologisch-spitzfindigen Charakterzeichnung als deutscher Shakespeare gepriesen. Kritisierte man zu Schillers Lebzeiten auch teilweise eine demoralisierende Wirkung des Stücks, so hatte das Drama im 20. Jahrhundert ständige Bühnenpräsenz und reizt nach wie vor Intendanten zu Aktualisierungen des Stoffs.

Widerspruchsvolle Rezeptionsgeschichte

Die Rezeptionsgeschichte der ***Räuber*** ist seit Erscheinen des Werkes im Jahre 1781 stets widerspruchsvoll gewesen, da das Drama immer wieder zum **Gegenstand verschiedenartigster Interpretationen** geworden ist, die aus der offenen Anlage resultieren.

Preisung Schillers als deutschen Shakespeare

Der erste Rezensent des Dramas, **Christian Friedrich Thimme**, kritisiert in seiner Rezension vom 24. Juli **1781** zwar einerseits die Verletzung der Aristotelischen Regeln, **preist Schiller** andererseits jedoch **als einen „deutschen Shakespeare":**

„Eine Erscheinung, die sich unter der unübersehbaren Menge ähnlicher Sächelchen gar sehr auszeichnet, wahrscheinlich noch fortdauern wird, wenn jene schon in ihr Nichts wieder zurückgegangen sind, noch ehe sie anfingen, recht zu leben. Ich glaube, dass sie um deswillen unsere besondere Aufmerksamkeit verdient. Volle blühende Sprache, Feuer im Ausdruck und Wortführung, rascher Ideengang, kühne fortreißende Fantasie, einige hingeworfene, nicht genug überdachte Ausdrücke, poetische Deklamationen, und eine Neigung, nicht gern einen glänzenden Gedanken zu unterdrücken, sondern alles zu sagen, was gesagt werden kann, alles das charakterisiert den Verfasser als einen jungen Mann, der, bei raschem Kreislauf des Bluts und einer fortreißenden Einbildungskraft, ein warmes Herz voll Gefühl und Drang für die gute Sache hat. Haben wir je einen deutschen Shakespeare zu erwarten, so ist es dieser. (...) Die Regeln des Arist. [Aristoteles] sind keine Grillen eines müßigen Kunstrichters, sie sind von den besten Stücken des Altertums abgezogen, und in der Natur der Sache, in der Natur unserer Empfindung gegründet. (...) Allein die Zumutung, in drei Stunden mit meinem Helden einen Zeitraum von Jahren zu durchlaufen (...). Ich weiß es wohl, dass es zum beliebten Geniewesen gehört, auf Regeln aus Schulgeschwätz zu schimpfen, Aristoteles und Batteaux für Dummköpfe zu halten, über Stock und Stein querfeldein zu springen und Zaun und Haken niederzutreten. (...) Jedoch zu diesen wütenden Kraftgenies gehört unser Verfasser noch nicht, und ich hoffe, dass er sich mit dem Aristoteles noch aussöhnen und uns Meisterstücke der Kunst liefern wird, die mit Shakespeares so oft schon nachgeäfften, aber bis itzt noch unerreichten Schönheiten prangen, ohne durch seine Ausschweifungen verunstaltet zu werden."[25]

Begeistert äußert sich Thimme auch **über die Figurenzeichnung**, insbesondere Karl Moors Charakter sei meisterhaft geschildert. Es sei Schiller gelungen, darzustellen, dass jeder der beiden Protago-

Lob der Charakterzeichnung einzelner Figuren

---

25 Christian Friedrich Thimme, Rezension vom 24. 07. 1781 in der *Erfurtischen Gelehrten Zeitung*. Zitiert nach: Grawe, S. 174 f.

4. Rezeptionsgeschichte

nisten aufgrund seiner Anlagen und der äußeren Umstände das werden musste, was er wurde.[26]

Die **Uraufführung** Schillers Dramenerstlings *Die Räuber* am **13. Januar 1782** hatte eine **sensationelle Wirkung** auf das zeitgenössische Mannheimer Theaterpublikum.

> „Das Theater glich einem Irrenhause, rollende Augen, geballte Fäuste, stampfende Füße, heisere Aufschreie im Zuschauerraum! Fremde Menschen fielen einander schluchzend in die Arme, Frauen wankten, einer Ohnmacht nahe, zur Türe. Es war eine allgemeine Auflösung wie im Chaos, aus dessen Nebeln eine neue Schöpfung hervorbricht!"[27]

Teilweise Kritik an demoralisierender Wirkung

Zu Schillers Lebzeiten gab es jedoch auch **heftige Kritik** an den *Räubern*, so wurde dem Stück beispielsweise in einer anonymen Rezension aus dem Jahre **1785** auf energische Weise eine **demoralisierende und ruinöse Wirkung auf das jugendliche Publikum** vorgehalten:

> „Wenn die Stimme eines **gewissen Publikums** entscheidend genug wäre, so würde dieser Vorbericht eben so unnütz sein, als die in der folgenden kleinen Abhandlung enthaltenen Beobachtungen über den **Geist einiger der neuesten dramatischen** Produkte. (...)
> Ich meine **die durch giftige Einflüsse nach und nach untergrabene Moralität des Publikums**. (...) In der Gegend von **Baiern** und **Schwaben** rotteten sich vor nicht langer Zeit gefährlich schwärmende Jünglinge zusammen und wollten nichts Gerin-

---

26 Ebd.
27 Zitiert nach: Grawe, S. 144.

4. Rezeptionsgeschichte

geres ausführen, als sich durch **Mord** und **Mordbrennerei** auszuzeichnen, und einen Namen zu machen, oder dem großen Drange nachzugeben, Räuber und **Mordbrenner** zu werden. – Und welcher Anlass konnte solche unglückliche, in der Imagination versengte Menschen verleiten und sie auf den Grad von Ausschweifung bringen, wenn wie es aufs Gelindeste benennen? ‚Sie wollten Schillers ‚Räuber' realisieren'. (...)
Ich bin nicht im Stande, den Zustand zu beschreiben, in welchem mich die mit der größten Anstrengung geendete Lektüre der ‚Räuber' zurückgelassen hat (...), es ist eine der schrecklichsten Nächte gewesen, die ich nach dieser Lektüre hatte. Mörder und Ungeheuer; graue Väter und Helden opferten nach einem Blutbade und bei rauchenden Palästen der hervorsteigenden Sonne. (...) Welche Wirkung werden die Produkte dieser Dichtung in den Herzen schwärmender Jünglinge und sanfter, deutscher Mädchen hervorbringen? (...) Ein großer Staatsmann hat unlängst unter vielen frommen Wünschen für unser Theater, über das Schauspiel die Meinung geäußert: ‚Eine zivilisierte Nation könne kein solches Trauerspiel haben'."[28]

Ein schriftstellerischer Zeitgenosse Schillers, der englische Romantiker **Samuel Taylor Coleridge** (1772–1834), zeigte sich **tief beeindruckt** von seiner ersten Lektüre der *Räuber*. Im Jahre **1796** veröffentlichte er Schiller und seinen *Räubern* zu Ehren sogar ein Gedicht, in dem er voll Euphorie und Begeisterung jene durch die Lektüre hervorgerufene Stimmung schildert:

Begeisterung im Ausland

---

[28] Anonyme Rezension im *Magazin der Philosophie und schönen Literatur*, 1785. Zitiert nach: Grawe, S. 179–181.

4. Rezeptionsgeschichte

> „An den Dichter der ‚Räuber'
> Schiller! In jener Stunde wäre ich gern gestorben, wenn ich durch die schauerliche Mitternacht jene fürchterliche Stimme, den Schrei eines verhungernden Vaters, aus dem dunklen Verlies des altersschwachen Turms heraufgeschickt hätte – damit mich nicht etwas Banaleres in einem späteren Augenblick zur Sterblichkeit verurteilen möge! Die Hölle stieß ein Triumphgeschrei aus, und all ihre im Streit geschlagenen Gesichter zogen sich von der Szene zurück, die mehr als sie selbst das Leben erstickt. Ah! Sänger schrecklich in Erbarmenheit! Könnte ich dich in schöpferischer Stimmung beobachten, wie du am Abend, edlen Wahnsinn im Auge, in einem alten, sturmgepeitschten Wald umherirrst! Eine Weile würde ich, in stummem Entsetzen starrend, brüten: dann in wilder Ekstase laut weinen!"[29]

Als Beispiel für die Wirkung der *Räuber* auf die intellektuelle Leserschaft des 19. Jahrhunderts sei an dieser Stelle eine Tagebuchnotiz von **Friedrich Nietzsche** (1844–1900) aus dem Jahre **1859** erwähnt, in welcher der Philosoph die Charaktere als „fast übermenschlich" bezeichnet. Es sei jedoch laut Nietzsche die „himmlische Allgewalt", die in dem „Titanenkampf gegen Religion und Tugend" einen „endlos tragischen Sieg" erringe.[30]

Ständige Bühnenpräsenz der Räuber im 20. Jahrhundert

Modernisierungen des Stoffes

Im **20. Jahrhundert** kennzeichnen die Rezeptionsgeschichte der *Räuber* insbesondere **zahlreiche Aufführungen**, in denen der **Stoff aktualisiert** und auf gegenwärtige gesellschaftspolitische Erscheinungen übertragen worden ist. Die berühmteste Inszenierung der *Räuber* fand im Jahre **1926 unter Erwin Piscator in Ber-**

---

29 Übersetzung des Gedichts *To the author of 'The Robbers'* von Samuel Taylor Coleridge. Zitiert nach: Grawe, S. 183.
30 Vgl. Grawe, S. 192.

lin statt, deren **Innovativität** Herbert Ihering im Jahre 1926 herausstellt:

> „Wenn der Vorhang aufgeht, vernimmt man nicht: ‚Aber ist Euch auch wohl, Vater?', Wenn er niedergeht nicht: ‚Dem Mann kann geholfen werden!' Alles Private ist in dieser Aufführung gestrichen. Alles Politisch-Dokumentarische betont. Erwin Piscator gibt die ‚Räuber' also nicht, als ob sie eine erfundene, gedichtete Handlung hätten, sondern als ob sie ein tatsächliches Revolutionsereignis darstellten. Er nimmt dem Stück die Fabel und gibt ihm Sachlichkeit. (...) Die Aufführung packt unmittelbar. Sie weist nicht Wege der Schiller-Regie, sondern Wege einer möglichen Dramengattung – des dokumentarischen Zeitstücks."[31]

Der Piscator-Aufführung folgten unter anderem Aufführungen mit Starbesetzung in den Jahren 1932, 1934 und 1944 in Berlin, in den Jahren 1952 in München und **1966 in Bremen unter Peter Zadek**, der das Stück in einer **Comic-Strip-Version** spielte, die jedoch **kritisch betrachtet** wurde, wie es ein Auszug aus einer Rezension der Zeitschrift *Theater heute* aus dem Jahre 1966 zeigt:

> „(...) Peter Zadek inszenierte ‚Die Räuber' in Bremen als ‚höheres Indianerspiel' (...). Ein Comic-Strip von Roy Lichtenstein als Rundhorizont, davor Figuren in fantastischen Kostümen: Franz als Missgeburt aus dem Horror-Film, Karl als blondgelockter Westernheld in engen Lederhosen, Amalie als Kitschengel, Vater Moor als milder Aztekenpriester. Einige kühne Arrangements, artistische Gruppierungen, der Text weitgehend nur

---

31 Herbert Ihering zu Piscators *Räuber*-Inszenierung im Jahre 1926. Zitiert nach: Steinbach, S. 174.

frontal ins Publikum aufgesagt. Der Abend hatte einen Hauptmangel: Er längte sich. Hätte nicht auch der Text zusammengeschnitten, eventuell durcheinandergeschüttelt werden müssen, um darzutun, dass hier nicht der ganze Schiller, sondern ein Aspekt, der pubertäre, des Werkes inszeniert wurde? Die grässlichen und grässlich übertriebenen Kolosse, von der erhitzten, fiebernden Fantasie des jungen Schiller ausgebrütet, wurden mit den Kunstmitteln von heute gezeigt. (...)"[32]

---

[32] Auszug einer Rezension über Zadeks *Räuber*-Inszenierung aus dem Jahre 1966. Steinbach, S. 175.

5. MATERIALIEN

Schiller über *Die Räuber*

Die unterdrückte Vorrede Schillers zu seinen Räubern gibt Aufschluss über seine Intentionen bezüglich des Jugendwerkes. Unter Bezug auf diese Vorrede kann eine nähere Analyse des Werkes in seinem zeitgeschichtlichen Kontext erarbeitet werden.

„(...) Wahr also ist es, dass der echte Genius des Dramas, (...) der wahre Geist des Schauspiels tiefer in die Seele gräbt, schärfer ins Herz schneidet und lebendiger belehrt als Roman und Epopöe, und dass es der sinnlichen Vorspiegelung gar nicht einmal bedarf, uns diese Gattung von Poesie vorzüglich zu empfehlen. Ich kann demnach eine Geschichte dramatisch abhandeln, ohne darum ein Drama schreiben zu wollen. Das heißt: Ich schreibe einen dramatischen Roman, und kein theatralisches Drama. Im ersten Fall darf ich mich nur den allgemeinen Gesetzen der Kunst, nicht aber den besondern des theatralischen Geschmacks unterwerfen.

Nun auf die Sache selbst zu kommen, so muss ich bekennen, dass nicht sowohl die körperliche Ausdehnung meines Schauspiels als vielmehr sein Inhalt ihm Sitz und Stimme auf dem Schauplatze absprechen. Die Ökonomie desselben machte es notwendig, dass mancher Charakter auftreten musste, der das feinere Gefühl der Tugend beleidigt und die Zärtlichkeit unserer Sitten empört. (...). Noch mehr – Diese unmoralischen Charaktere mussten von gewissen Seiten glänzen, ja oft von Seiten des Geistes gewinnen, was sie von Seiten des Herzens verlieren. Jeder dramatische Schriftsteller ist zu dieser Freiheit berechtigt, ja sogar genötigt, wenn er anders der getreue Kopist der wirklichen Welt sein soll. Auch ist (...) kein Mensch durchaus unvollkommen: Auch der Lasterhafteste hat noch viele Ideen, die richtig, viele Triebe, die gut, viele Tätigkeiten, die edel sind. Er ist nur minder vollkommen.

Man trifft hier Bösewichter an, die Erstaunen abzwingen, ehrwürdige Missetäter, Ungeheuer mit Majestät; Geister, die das abscheuliche Laster reizet, um der Größe willen, die ihm anhänget, um der Kraft willen, die es erfordert, um der Gefahren willen, die es begleiten. Man stößt auf Menschen, die den Teufel umarmen würden, weil er der Mann ohne seinesgleichen ist; die auf dem Weg zur höchsten Vollkommenheit die unvollkommensten werden, die unglückseligsten auf dem Wege zum höchsten Glück, wie sie es wähnen. Mit einem Wort, man wird sich auch für meine Jagos interessieren, man wird meinen Mordbrenner bewundern, ja fast sogar lieben. Niemand wird ihn verabscheuen, jeder darf ihn bedauern. Aber eben darum möchte ich selbst nicht geraten haben, dieses mein Trauerspiel auf der Bühne zu wagen. Die Kenner, die den Zusammenhang des Ganzen befassen und die Absicht des Dichters erraten, machen immer das dünnste Häuflein aus. (...)"[33]

Zur Geschichte des menschlichen Herzens

Der vorliegende Auszug aus der wichtigsten literarischen Quelle Schillers für *Die Räuber* kann bei einer unterrichtlichen Beschäftigung zum Vergleich mit dem Drama herangezogen werden. Hierbei würde es sich als äußerst nützlich erweisen, festzustellen, wie weit Schiller den Stoff verändert und seinen Intentionen angepasst hat.

„Wann wir die Anekdoten lesen, womit wir von Zeit zu Zeit aus England und Frankreich beschenkt werden, so sollte man glauben, dass es nur allein in diesen Reichen Leute mit Leidenschaft gebe.

---

33 Steinbach, S. 152–153.

Von uns armen Deutschen liest man nie ein Anekdötchen, und aus dem Stillschweigen unserer Schriftsteller müssen die Ausländer schließen, dass wir uns nur maschinenmäßig bewegen, und dass Essen, Trinken, Dummarbeiten und Schlafen den ganzen Kreis eines Deutschen ausmache, worin er so lange unsinnig herumläuft, bis er schwindlicht niederstürzt und stirbt. (...)

Hier ist ein Geschichtchen, das sich mitten unter uns zugetragen hat, und ich gebe es einem Genie preis, eine Komödie oder einen Roman daraus zu machen, wann er nur nicht aus Zaghaftigkeit die Szene in Spanien und Griechenland, sondern auf deutschem Grund und Boden eröffnet.

Ein V... Edelmann, der die Ruhe des Landes dem Lärm des Hofes vorzog, hatte zwei Söhne von sehr ungleichem Charakter.

Wilhelm war fromm, wenigstens betete er, so oft man es haben wollte, war streng gegen sich selber und gegen andere – wann sie nicht gut handelten; war der gehorsamste Sohn seines Vaters, der emsigste Schüler seines Hofmeisters (...).

Carl hingegen war völlig das Gegenteil seines Bruders. Er war offen, ohne Verstellung, voll Feuer, lustig, zuweilen unfleißig; machte seinen Eltern und seinem Lehrer durch manchen jugendlichen Streich Verdruss, und empfahl sich durch nichts, als durch seinen Kopf und sein Herz. Dies machte ihn zwar zum Liebling des Hausgesindes und des ganzen Dorfs; seine Laster aber schwärzten ihn an in den Augen seines katonischen Bruders und seines zelotischen Lehrmeisters, der oft vor Unmut über Carls Mutwillen fast in der Galle erstickte.

Beide Brüder kamen auf das Gymnasium nach B... und ihr Charakter blieb sich gleich.

Wilhelm erhielt das Lob eines strengen Verehrers des Fleißes und der Tugend, und Carl das Zeugnis eines leichtsinnigen, hüpfenden Jünglings.

Wilhelms strenge Sitten litten auch auf der Universität keine Abänderung; aber Carls heftiges Temperament ward vom Strom ergriffen und zu manchem Laster fortgerissen.

Er war ein Anbeter der Cythere und ein Schüler des Anakreon. Wein und Liebe waren seine liebste Beschäftigung, und von den Wissenschaften nahm er nur so viel mit, als er flüchtig erhaschen konnte. Kurz, er war eine von den weichen Seelen, welche der Sinnlichkeit immer offen stehen und über jeden Anblick des Schönen in platonisches Entzücken geraten. Der strenge Wilhelm bestrafte ihn, schrieb seine Laster nach Hause und zog ihm Verweise und Drohungen zu. Aber Carl war noch zu flüchtig, um wie eine Moral zu leben, und seine Verschwendung und übermäßige Gutheit gegen arme Studierende versenkte ihn in Schulden, die so hoch anschwollen, dass sie nicht mehr verborgen werden konnten. Dazu kam noch ein unglückliches Duell, das ihm die Gunst seines Vaters entzog und ihn in die Verlegenheit setzte, bei Nacht und Nebel die Akademie zu verlassen. Die ganze Welt lag nun offen vor ihm und kam ihm wie eine Einöde vor, wo er weder Unterhalt noch Ruhe fand. (...) Er hatte sich kaum etwas erholt [nach einer Verwundung], so schrieb er den zärtlichsten Brief an seinen Vater und bemühte sich, durch das offene Geständnis seiner Laster, durch das traurige Gemälde seines Unglücks, durch Reue und ernste Gelübde die väterliche Vergebung zu erweinen. Umsonst! Der tückische Wilhelm unterschob seinen Brief, und Carl erhielt keine Antwort. (...) Doch ohne sich lange der unbarmherzigen Welt zu überlassen, entschloss er sich, zu arbeiten. Er vertauschte seine Montur mit einem Kittel und trat bei einem Bauern, anderthalb Stunden von dem Rittersitze seines Vaters, als Knecht in Dienste. Hier widmete er sich mit so vielem Fleiße dem Feldbau und der Ökonomie, dass er das Muster eines fleißigen Arbeiters war. In müßigen Stunden unterrichtete er die Kinder seines Bauern mit dem besten Erfolge. Sein gutes Herz und seine Geschicklichkeit machten ihn zum Lieblinge des ganzen Dorfes. Ja, er wurde unter den Namen des **guten Hansen** auch seinem Vater bekannt, mit welchem er oft unerkannt sprach, und mit Beifall belohnt wurde. Einstmals war der gute Hans mit Holzfällen im Walde beschäftigt; plötzlich hörte er von ferne ein dumpfes Geräusch. Er schlich mit einem Holzbeil in der Hand hinzu, und – welch ein Anblick! – sah seinen Vater von entlarvten Mördern aus der Kutsche gerissen, den Postillion im Blute liegen, und bereits den Mordstahl auf der Brust seines Vaters blinken. Kindlicher Enthusiasmus entflammte jetzt unsern Karl. Er stürzte wütend unter die Mörder hinein, und sein Beil arbeitete mit so gutem Erfolg, dass er drei Mörder erlegte und den vierten gefangen nahm. Er setzte hierauf den ohnmächtigen Vater in die Kutsche und fuhr mit ihm seinem Rittersitz zu.

,Wer ist mein Engel?', sagte der Vater, als er die Augen wieder aufschlug. – ,Kein Engel', erwiderte Hans, ,sondern ein Mensch hat getan, was er als Mensch seinen Brüdern schuldig ist.' – ,Welcher Edelmut unter einem Zwilchkittel! Aber – sage mir, Hans, hast du die Mörder alle getötet?' – ,Nein, gnädiger Herr, einer ist noch am Leben.' – ,Lass ihn herkommen.' – Der entlarvte Mörder kommt, stürzt zu den Füßen des Edelmanns nieder, fleht um Gnade und spricht schluchzend: ,Ach, gnädiger Herr, nicht ich! Ein anderer!' ,So donnere den verfluchten andern heraus', sprach der Edelmann. ,Wer ist dann der Mitschuldige dieses Mordes?' – ,Ach, ich muss es sagen: der Junker Wilhelm. Sie lebten ihm zu lange, und er wollte sich auf diese verfluchte Weise in den Besitz Ihres Vermögens setzten. Ja, gnädiger Herr, Ihr Mörder ist Wilhelm.' – ,Wilhelm?', sagte der Vater mit dumpfem Tone, schlug die Augen zu und blieb unempfindlich liegen. Hans blieb wie die Bildsäule des Entsetzens vor dem Bette seines Vaters stehen. (...)

‚Mein Sohn, mein Carl ist also mein Schutzengel', sagte der Vater (....). Nachdem der Sturm der Leidenschaften vorüber war, so erzählte Carl dem Vater seine Geschichte, und beide überließen sich alsdann der Freude, einander wiedergefunden zu haben. ‚Du bist mein Erbe', sagte der Vater, ‚und Wilhelm, diese Brut der Hölle, will ich heute noch dem Arme der Justiz überliefern.' ‚Ach Vater', sagte hierauf Carl, indem er sich aufs Neue zu den Füßen des Vaters warf, ‚vergeben Sie Ihrem Sohne! Vergeben Sie meinem Bruder!' (...) ‚Er soll mir aus den Augen' [so der Vater], ‚und seinen Unterhalt **deiner Güte** zu danken haben.'

Carl kündigte seinem Bruder dies Urteil mit den sanftmütigsten Ausdrücken an und machte ihm zugleich einen hinlänglichen Unterhalt aus. Wilhelm entfernte sich, ohne viel Reue zu äußern (....). Carl aber wohnt noch bei seinem Vater und ist die Freude seines Alters und die Wohllust seiner künftigen Untertanen.

Diese Geschichte, die aus den glaubwürdigsten Zeugnissen zusammengeflossen ist, beweist, dass es auch deutsche Blifil und deutsche Jones gebe. Nur schade, dass die Anzahl der Ersteren so groß unter uns ist, dass man die Andern kaum bemerkt. Wann wird einmal der Philosoph auftreten, der sich in die Tiefe des menschlichen Herzens hinablässt, jeder Handlung bis zur Empfängnis nachspürt, und alsdann eine Geschichte des menschlichen Herzens schreibt, worin er das trügerische Inkarnat vom Antlitz des Heuchlers hinwegwischt und gegen ihn die Rechte des offenen Herzens behauptet!"[34]

---

[34] Schubart, Christian Friedrich Daniel: *Zur Geschichte des menschlichen Herzens*. Zitiert nach: Grawe, S. 108–113.

6. PRÜFUNGSAUFGABEN MIT MUSTERLÖSUNGEN

Unter www.königserläuterungen.de/download finden Sie im Internet zwei weitere Aufgaben mit Musterlösungen.

Die Zahl der Sternchen bezeichnet das Anforderungsniveau der jeweiligen Aufgabe.

Aufgabe 1 ***

Textgrundlage: Akt I, Szene 2 (HL ab S. 27, Z. 2/R ab S. 35, Z. 28) und Akt IV, Szene 1

1. Analysieren Sie die vorliegenden Textauszüge (Karls Räuberschwur und seine Rückkehr) im Hinblick auf die Konzeption der Figur Karl Moor und stellen Sie die Funktion der Szenen im Kontext des Dramas heraus.
2. Bewerten Sie vor dem Hintergrund des Dramenverlaufs Karls Entschluss, Räuberhauptmann zu werden („Räuber und Mörder! – So wahr meine Seele lebt, ich bin euer Hauptmann!", I, 2, HL S. 27, Z. 23 f./R S. 36, Z. 14 f.) und erörtern Sie Schillers Intentionen mit der Darstellung der „Räuber" in seinem Dramenerstling. Argumentieren Sie mit Verweis auf das Drama sowie auf epochenspezifische Aspekte.

Mögliche Lösung in knapper Fassung:

ANALYSE

In den vorliegenden Textauszügen wird die Konzeption der Hauptfigur Karl Moor als einer der zwei tragischen Helden des Dramas deutlich, da er sich zunächst (nur) aus persönlichem Unglück heraus (scheinbar verstoßener Sohn durch Bruderintrige) zum Hauptmann der Räuberbande erklärt, die vordergründig gesellschaftliches Unrecht rächen will. Karls Fehler ist somit das in seiner Charakterkonzeption angelegte, ausgeprägte Gerechtigkeitsempfinden und die extreme Emotionalität, aufgrund derer er hitzig und überstürzt auf Franzens Intrige hereinfällt und „beleidigt" das von ihm empfundene Unrecht an der gesamten Gesellschaft rächen will, ohne zunächst „vernünftig" die Hintergründe zu erforschen. Dass Karls Räuberschwur somit nicht auf einem Fundament aus Überzeugung und rationaler Abwägung, sondern aus gekränktem Ehrgefühl steht, deutet in I,2 bereits Spiegelberg in seinem die Szene abschließenden Kurzmonolog voraus („Dein Register hat ein Loch. Du hast das Gift weggelassen." HL S. 28, Z. 14 f./R S. 37, Z. 16 f.), der an dieser Stelle und im Verlaufe des Dramas als Kontrastfigur zu Karl fungiert (Spiegelberg ist „wahrer" Verbrecher aus Lust am Verbrechen). Folglich deutet sich bereits vor dem Hintergrund des Handlungsverlaufs in dieser expositorischen Szene an, dass Karls Entschluss scheitern muss, da er – wie zuvor sein Bruder Franz in der zu dieser antithetisch in Bezug stehenden Eingangsszene – aus reiner Hilflosigkeit heraus handelt. Diese Hilflosigkeit offenbart sich im Verlauf der Szene in seinen langen, emotional aufgeheizten Reden über das ihm widerfahrende Unrecht. Nachdem Karl dann auf dem Höhe- und Wendepunkt des dramatischen Handlungsgeschehens in der der zweiten Textgrundlage vorausgehenden Szene 2 des dritten Aktes eindeutig erkannt hat, dass sein Anschluss an die Räuberbande ein Fehler gewesen ist und nicht seinen Wünschen entspricht, aus Verzweiflung jedoch trotzdem ewige Treue schwört, wird er dann durch die vermeintliche Ähnlichkeit zwischen Kosinskys und seinem eigenen Schicksal zu dem Versuch angeregt, mit der Rückkehr zum Moorschen Schloss sein altes Leben und speziell Amalia zurückzugewinnen. Dieser Versuch erzeugt erneut Spannung, der Handlungsverlauf wird mit dem ausführlichen Monolog Karls bei seiner Ankunft in der ländlichen Gegend um das Schloss retardiert. Karls enthusiastische Begeisterung für die Rückkehr in die Heimat als verlorener Sohn drückt sich in über Klimaxverbindungen und Gedankenverkettungen vermittelten Gefühlswallungen aus („Vaterlandserde! (*Er küsst die Erde.*) Vaterlandshimmel! Vaterlandssonne! – und Fluren und Hügel und Ströme und Wälder", HL S. 76, Z. 6 ff./R S. 95, Z. 10 ff.). Er geht völlig in Kindheitserinnerungen auf, wie es auch die Regieanweisungen anzeigen (HL S. 76, Z. 19, 26, 34 ff./R S. 96, Z. 17, 24, 32), und empfindet – nunmehr im Kontrast zu den Szenen vor dem Wendepunkt – das Moorsche Vaterhaus und die Heimat als „Traum der Freiheit" (HL S. 76, Z. 30/R S. 96, Z. 2) und sich selbst als Gefangenen (vgl. im Gegensatz dazu I, 2: „was für ein Tor ich war, dass ich ins Käficht zurückwollte! – Mein Geist dürstet nach Taten, mein Atem nach Freiheit", HL S. 27, Z. 27 ff./R S. 36, Z. 19 f.). Trotz „Schreckenahndung" (HL S. 77, Z. 12/R S. 96, Z. 20) geht er in das Schloss und leitet damit die Katastrophe ein.

Vor dem Hintergrund des Dramenverlaufs muss Karls Entschluss, Hauptmann zu werden, als überhastete Fehlentscheidung aus gekränktem Stolz und Gerechtigkeitsempfinden heraus bewertet werden, da er zwar hohe Ideale hat und anders als etwa Spiegelberg in seinen Räubertaten uneigennützig handelt, das gesellschaftliche Unrecht jedoch trotzdem erst auf Basis seines persönlichen Übels anprangert. Dies wird auch über die Konstellation Karl – Kosinsky vermittelt, der als wahres Opfer gesellschaftlichen Unrechts Räuber wird und damit Spiegel- und Kontrastfigur zu Karl ist. Als Karls Rebellionsgenossen nehmen die Räuber im Dramenverlauf eine bedeutende Stellung ein, da sich hinter dem vordergründigen Bruderzwist, repräsentiert durch Protagonist und Antagonist, die gesellschaftliche Umwelt der absolutistischen Ge-

BEWERTUNG

sellschaftsstrukturen als eigentlicher Gegenspieler der jüngeren Generation erweist, eine Generation, im Drama verkörpert durch Söhne und Räuber, die unter dem Motto des Sturm und Drang versucht, das feudale System zu zerstören und unter Verkündung von Freiheits- und Gerechtigkeitsparolen einen eigenen Platz im System zu behaupten. Hierbei vermischen sich schnell Ideale und gute Absichten mit Urtrieben und menschlichen Abgründen, Gut mit Böse; die Grenzen sind zuletzt nicht mehr deutlich erkennbar. Der Mensch zeigt sich in Schillers Jugendwerk noch nicht reif für eine wahre Veränderung des Systems, dennoch befindet sich die Gesellschaft des späten 18. Jahrhunderts in einer Umbruchphase, in der verinnerlichte Werte und überkommene Gesellschaftsstrukturen als nicht mehr richtig empfunden und hinterfragt werden.

| 4 REZEPTIONS- | 5 MATERIALIEN | **6 PRÜFUNGS-** |
| GESCHICHTE | | **AUFGABEN** |

Aufgabe 2 **

Textgrundlage: Akt III, Szene 1 (HL ab S. 65, Z. 38/R ab S. 83, Z. 7) und Akt III, Szene 2 (HL ab S. 68, Z. 1/R ab S. 85, Z. 25 bis HL S. 69, Z. 20/R S. 87, Z. 19)
1. Analysieren Sie vergleichend die vorliegenden Textauszüge im Hinblick auf ihre Funktion im Rahmen der antithetischen Kompositionsstruktur des Dramas.
2. „RÄUBER MOOR. (...) *da steh ich am Rand eines entsetzlichen Lebens, und erfahre nun mit Zähneklappern und Heulen, dass zwei Menschen wie ich den ganzen Bau der sittlichen Welt zugrund richten würden."* (V, 2, HL S. 120, Z. 3 ff./R S. 148, Z. 14 ff.).
Erörtern Sie, inwiefern sich Karl Moors Ausruf am Ende des Dramas als ein Hinweis auf die Interpretation der Schuldfrage und mögliche Intentionen Schillers verstehen lässt. Argumentieren Sie mit Verweis auf das Drama sowie auf epochenspezifische Aspekte.

Mögliche Lösung in knapper Fassung:

Die vorliegenden Textauszüge stellen parallel und in antithetischem Bezug zueinander Höhe- und Wendepunkt des Dramas dar. In III, 1 demonstriert Franz vor Amalia seine mittlerweile errungene Macht, was den Höhepunkt der Franz-Moor-Handlung bildet. Er wird jedoch von ihr davongejagt, zudem bricht im zweiten Teil der Szene Hermann, Franzens einstiges Werkzeug, unter der Last seines Gewissens zusammen und offenbart Amalia, dass Karl und sein Vater noch leben, was den Wendepunkt, d. h. konkret Franzens Scheitern, einleitet. In III, 2 bildet Karls Trueueschwur aus Verzweiflung in einem ersten Teil der Szene den Höhepunkt seiner Räuberkarriere; dennoch impliziert sein Unglück über die Situati-

ANALYSE

on und seine eindeutige Erkenntnis der „Mörder" und „Nattern" um ihn herum (HL S. 69, Z. 16 f./R S. 87, Z. 15) durch die Doppelgesichtigkeit seines Entschlusses sein beginnendes Scheitern, was im weiteren Verlauf der Szene durch die Spiegelfigur Kosinsky und durch Karls Rückkehr in die väterlichen Haine eingeleitet wird.

ERÖRTERUNG

Obwohl Franz und Karl Moor sich im gesamten Handlungsverlauf einander nicht begegnen, stehen ihre Handlungen und ihre Konzeption in parallelem und antithetischem Bezug zueinander. Beide werden schuldig, was bei einer Interpretation der Schuldfrage am Ende des Dramas berücksichtigt werden muss, weshalb Schiller wiederum auch Karl diese finalen Worte äußern lässt. Franz rächt sich für das ihm von Natur und Vater widerfahrene Unrecht (Hässlichkeit, Zweitgeborener, benachteiligter Sohn), indem er sich selbst von allen gesellschaftlichen und familiären Banden losspricht, Skrupel verdrängt und sich dem „Recht des Stärkeren" nach Macht verschafft sowie despotisch Angst und Schrecken verbreitet. Karl, der trotz seiner eigentlich bevorzugten Stellung unter den Söhnen kein Vertrauen hat, fällt auf die Intrige herein und rächt sich, ebenfalls durch die Verbreitung von Angst und Schrecken, für seine gekränkte Ehre. Somit nähern sich im Verlauf des Dramas die Brüder an, denn obwohl er eigentlich Gutes bewirken will, ist auch Karl ein Meister der Intrige, manipuliert und instrumentalisiert abseits gesellschaftlichen Rechts andere Menschen und rottet zuletzt die Familie aus, was eigentlich Franzens Intention war. Das väterliche Schloss, Symbol für den willenlosen und ungerechten, maroden Repräsentanten der Väterwelt, brennt (HL S. 112, Z. 2/R S. 138, Z. 20). Zuletzt richten sich beide selbst, als sie keinen Ausweg mehr sehen: Karl liefert sich der Justiz aus und Franz begeht Selbstmord. Auch die Räuber kommentieren abschließend Karls Eitelkeit als eigentliche Motivation für sein Handeln: „Lasst ihn hinfahren! Es ist die Großmannsucht. Er will sein Leben an eitle Bewunderung setzen." (HL S. 120, Z. 33 f./R S. 149, Z. 11 f.)

Beide Brüder stehen somit für die im Epochenumbruch 1800 miteinander kollidierenden geistigen Strömungen und Ideologien (Aufklärung, Sturm und Drang, Empfindsamkeit), wobei sie sich gegen von ihnen empfundenes Unrecht (der Gesellschaft, der Natur) auflehnen und damit die überkommenen, patriarchalischen Gesellschaftsstrukturen zum Zusammenbruch führen, letztlich jedoch auch selbst in ihrer Extremität (Emotionalität und Rationalität) scheitern.

Aufgabe 3 **

> Textgrundlage: Akt IV, Szene 2 (HL ab S. 82, Z. 37/R ab S. 103, Z. 15)
> 1. Geben Sie kurz den Inhalt des Monologes Franz Moors wieder und ordnen Sie ihn in den Handlungsverlauf des Dramas ein.
> 2. Analysieren Sie den Gedankengang und die Gefühlslage von Franz unter besonderer Berücksichtigung der Monologstruktur und Metaphorik und stellen Sie heraus, inwiefern in seinen Äußerungen auch provokative Vorstellungen der Entstehungszeit des Dramas hervorbrechen.

Mögliche Lösung in knapper Fassung:

Im vorliegenden Monolog sagt sich Franz erneut von jeglicher familiärer Bande und Verpflichtung los und begründet dies mit dem zufälligen Zeugungsakt des Menschen, der in den gängigen Mo-

INHALT

| 1 SCHNELLÜBERSICHT | 2 FRIEDRICH SCHILLER: LEBEN UND WERK | 3 TEXTANALYSE UND -INTERPRETATION |

ralvorstellungen verschleiert wird sowie zu verfälschten Ansichten von der Zusammengehörigkeit und Abkunft der Menschen führt. Franz reagiert damit auf die auch für ihn schockierende Rückkehr Karls als vermeintlicher Graf, den er durch den Diener Daniel töten lassen will.

ANALYSE

Zunächst sieht Franz dem Mord an seinem Bruder, den er hier nur bildlich beschreibt („Henkermahl", HL S. 82, Z. 40/R S. 103, Z. 18), freudig ausrufend entgegen (HL S. 82, Z. 37–40/R S. 103, Z. 15–18). Dann fängt er jedoch an, seinen Plan vor sich selbst zu rechtfertigen, indem er sich auf die Zufälligkeit der Zeugung eines Kindes durch die Lust eines Vaters beruft („Kitzel", HL S. 82, Z. 43/R S. 103, Z. 21), was auf seine persönliche Kränkung durch die ihm widerfahrene Zurückstellung seines eigenen Vaters als Motivation für sein Handeln schließen lässt („Nun kommt mich eben auch der Kitzel an", HL S. 83, Z. 2 f./R S. 103, Z. 24); dabei wertet er jedoch sein Handeln gegenüber der „viehischen Anwandlung" (HL S. 83, Z. 9 f./R S. 103, Z. 32) auf, da bei ihm mehr Verstand und Absicht vorherrsche (HL S. 83, Z. 4 f./R S. 103, Z. 25 f.). Dieser Gedanke führt ihn zu einer ausführlichen Reflexion über die für ihn durch die zeitgenössischen Normen und Wertvorstellungen „eingekettete" Vernunft, womit er die typisch aufklärerische Metapher von der schlafenden bzw. träumenden Vernunft, die Ungeheuer (nicht regelkonforme Gedanken/Ideen) heraufbeschwört, für seine Zwecke uminterpretiert: „Verflucht sei die Torheit unserer Ammen und Wärterinnen, die unsere Phantasie mit schröcklichen Märchen verderben, und grässliche Bilder von Strafgerichten in unser weiches Gehirnmark drücken, dass unwillkürliche Schauder (...) unsere erwachende Vernunft an Ketten abergläubischer Finsternis legen – Mord! wie eine ganze Hölle von Furien um das Wort flattert" (HL S. 83, Z. 12 ff./R S. 103 f., Z. 35 ff.). Franz redet sich hier ein, dass Mord eine logische Konsequenz und ein vernünftiger Akt in einer Natur bzw. Gesellschaft ist, in der sich das Recht des Stärkeren durchsetzt. Mit seinen Gedanken erwache erst die Vernunft, die durch Gesetze, durch die er persönlich benachteiligt und eingeschränkt wird, hysterisch eingekettet und verteufelt werde. Somit spiegelt auch dieser Monolog Franzens den gesellschaftlichen und geistigen Diskurs seiner Zeit wider, in dem sich die verschiedenen Strömungen und Ansichten von der Ausrichtung der Welt, der Gesellschaft und des Menschen Gehör verschafften. Franzens Gedankengang gipfelt in der Metapher des Lebens als „Zirkel aus Morast" (vgl. HL S. 83, Z. 29/R S. 104, Z. 15 f.), womit er selbst auf dramatisch-ironische Weise jedem Wert der Menschlichkeit abschwört, obwohl er doch gerade diese vermisst hat und an seinem Bruder beneidet.

Aufgabe 4 *

> Textgrundlage: Akt II, Szene 1 (HL ab S. 34, Z. 31/R ab S. 45, Z. 5)
> Analysieren Sie die Dialogstruktur des vorliegenden Szenenauszugs im Kontext des Dramas.

Mögliche Lösung in knapper Fassung:

In dem vorliegenden Szenenauszug sieht der Zuschauer bzw. Rezipient Franz als Intriganten agieren und damit den Handlungsverlauf vorantreiben (steigende Handlung). Franz instrumentalisiert Hermann als „Deus ex machina!" (HL S. 34, Z. 31 f./R S. 45, Z. 6), indem er ihm zunächst bewusst schmeichelt (HL S. 34, Z. 40 f./R S. 45, Z. 14), wegen seiner Treue Franz gegenüber und seiner vermeintlich besonderen Mannhaftigkeit preist (HL S. 35, Z. 1 f./R

ANALYSE

S. 45, Z. 18), um ihm geschickt seinen eigenen Wunsch von den Lippen zu locken (HL S. 35, Z. 5–11/R S. 45, Z. 24–28). Zudem macht er ihm Stück für Stück steigernde Versprechungen, sollte er einst Herr sein, und spielt auf Hermanns verschmähte Liebe zu Amalia an, die ihm Karl „weggefischt" (HL S. 35, Z. 17 ff./R S. 46, Z. 1) habe. Mit dieser psychologischen Kriegsführung spielt Franz gezielt mit Hermanns unbewussten Trieben und Minderwertigkeitskomplexen, versetzt ihn in Rage und macht seine Feinde zu Hermanns Feinden (vgl. HL S. 35, Z. 32 f.; S. 36, Z. 4 f./R S. 46, Z. 21; S. 47, Z. 13), sodass dieser sich zuletzt als williges Werkzeug erweist.

LITERATUR

Zitierte Ausgaben:
Friedrich von Schiller: *Die Räuber. Ein Schauspiel.* Husum/Nordsee, Hamburger Lesehefte Verlag, 2010 (Hamburger Leseheft Nr. 48, Heftbearbeitung: F. Bruckner und Kurt Sternelle). Zitatverweise sind mit **HL** gekennzeichnet.

Schiller, Friedrich: *Die Räuber. Ein Schauspiel*, Stuttgart, Philipp Reclam jun., 2001 (Reclam Universal-Bibliothek Nr. 15). Zitatverweise sind mit **R** gekennzeichnet.

Gesamtausgabe:
Schillers Werke. Nationalausgabe. Begr. Von Julius Petersen, fortgeführt von Lieselotte Blumenthal und Benno von Wiese, hg. im Auftrag der Stiftung Weimarer Klassik und des Schiller-Nationalmuseums Marbach v. Norbert Oellers, Weimar, 1944 ff.

Sekundärliteratur:
Alt, Peter-André: *Schiller. Leben – Werk – Zeit.* Eine Biografie. Zwei Bände. München: Verlag C. H. Beck, 2000.

Grathoff, Dirk und Leibfried, Erwin (Hg.): *Schiller. Vorträge aus Anlass seines 225. Geburtstages.* Frankfurt am Main: Verlag Peter Lang, 1991.

Grawe, Christian: *Friedrich Schiller. Die Räuber.* Erläuterungen und Dokumente. Stuttgart: Philipp Reclam jun, 2002 (Universal-Bibliothek Nr. 8134).

Große, Wilhelm: *Friedrich Schiller. Die Räuber.* Frankfurt am Main: Verlag Moritz Diesterweg, 1999.

Herold, Theo und Wittenberg, Hildegard: *Aufklärung. Sturm und Drang.* Stuttgart: Ernst Klett Schulbuchverlag, 1997.

Hofmann, Michael (Hg.): *Oellers, Norbert. Friedrich Schiller. Zur Modernität eines Klassikers.* Frankfurt am Main: Insel Verlag, 1996

Hofmann, Michael: *Friedrich Schiller. Die Räuber.* München: Oldenbourg, 1999.

Koopmann, Helmut: *Schiller. Eine Einführung.* München und Zürich: Artemis Verlag, 1988.

Koopmann, Helmut (Hg.): *Schiller-Handbuch.* Stuttgart: Alfred Kröner Verlag, 1998.

Kraft, Günther: *Historische Studien zu Schillers Schauspiel ‚Die Räuber'. Über eine mitteldeutsch-fränkische Räuberbande des 18. Jahrhunderts.* Weimar: Arion Verlag, 1959.

Michelsen, Peter: *Der Bruch mit der Vater-Welt. Studien zu Schillers „Räubern".* Heidelberg: Carl Winter, 1979.

Steinbach, Dietrich (Hg.): *Friedrich Schiller, Die Räuber.* Stuttgart: Ernst Klett, 1979.

Ueding, Gert: *Friedrich Schiller.* München: C. H. Beck, 1990.

Vogt, Martin (Hg.): *Deutsche Geschichte. Von den Anfängen bis zur Gegenwart.* Stuttgart: J. B. Metzler und C. E. Poeschl, 1997.

Wacker, Manfred: *Schillers ‚Räuber' und der Sturm und Drang. Stilkritische und typologische Überprüfung eines Epochenbegriffs.* Göppingen: Verlag Alfred Kümmerle, 1973.

Die Räuber – deutschsprachige Verfilmungen:
Die Räuber. BRD 1959.
   Verfilmung für das Fernsehen (ARD/BR).
   Regie und Drehbuch: Fritz Umgelter.
Tod oder Freiheit. BRD 1978.
   Regie: Wolf Gremm.
   Drehbuch: Wolf Gremm, Thomas Keck, Fritz Müller-Scherz,
   Barbara Naujock.
Die Räuber. DDR 1984.
   Regie und Drehbuch: Celino Bleiweiß.

STICHWORTVERZEICHNIS

Absolutismus 6, 13 ff., 94
Antithetik 30, 33, 51 f., 56, 67
Aufklärung 6, 13 f., 17 ff., 21, 56, 94 f., 98 ff.
Bruderzwist 19, 60–73, 92
dramatische Ironie 43, 90
Dramenerstling 6, 20, 22, 104
Emotionalität 70, 86, 116, 121
Empfindsamkeit 6, 13, 17 f., 21, 92, 98, 121
Expressivstil 8, 87 f.
familiärer Konflikt 6 f., 27, 29 f., 52, 62, 96
Franz-Moor-Handlung 7, 50 ff., 56 f., 119
geschlossene Dramenform 56–59
gesellschaftlicher Konflikt 6, 27, 29, 53, 68 f., 93, 116 ff.
Handlungsstränge 51 ff., 55, 57

Intrige 7, 28 ff., 38, 42, 44, 50 ff., 55, 58, 61, 64 f., 70, 72, 76, 116, 120
Karl-Moor-Handlung 7, 50–54, 56 f.
Leitmotiv 8, 92 f., 96–100
Metaphorik 92, 96, 121
Nominalstil 8, 87 f.
Normenkonflikt 92, 98
offene Dramenform 7, 50, 56–59
Orientierungskrise 45, 92, 95
Parallelität 36, 52
Rationalität 17 f., 95, 116, 121
Rebellion 65, 67, 69, 71 f., 92
Sturm und Drang 6, 8, 13, 18 f., 21, 56, 86 f., 92, 98, 118
verlorene Sohn, der 8, 32 f., 74, 77, 92, 96 f., 117
Vermischung von Gut und Böse 58, 73, 118
Vernunft 13 f., 17, 87, 122 f.